TikTok

optimal nutzen

Christian Immler

Markt+Technik

ISBN 978-3-98810-001-6

Produktmanagement Christian Braun, Burkhardt Lühr
Lektorat, Herstellung Jutta Brunemann
Covergestaltung David Haberkamp
Coverfoto © DDimaXX – Adobe Stock
Satz inpunkt[w]o, Wilnsdorf (www.inpunktwo.de)
Druck mediaprint solutions GmbH, Paderborn
Printed in Germany

Inhaltsverzeichnis

1. TikTok – der neue Videotrend

Spricht man über Videos im Internet, war über Jahre im gleichen Atemzug der Name YouTube zu hören. Erst in jüngster Zeit kam mit TikTok eine neue Video-App auf, die im Gegensatz zu YouTube weniger auf redaktionelle Inhalte, Information und Kultur setzt, sondern stark auf kurzweilige Unterhaltung.

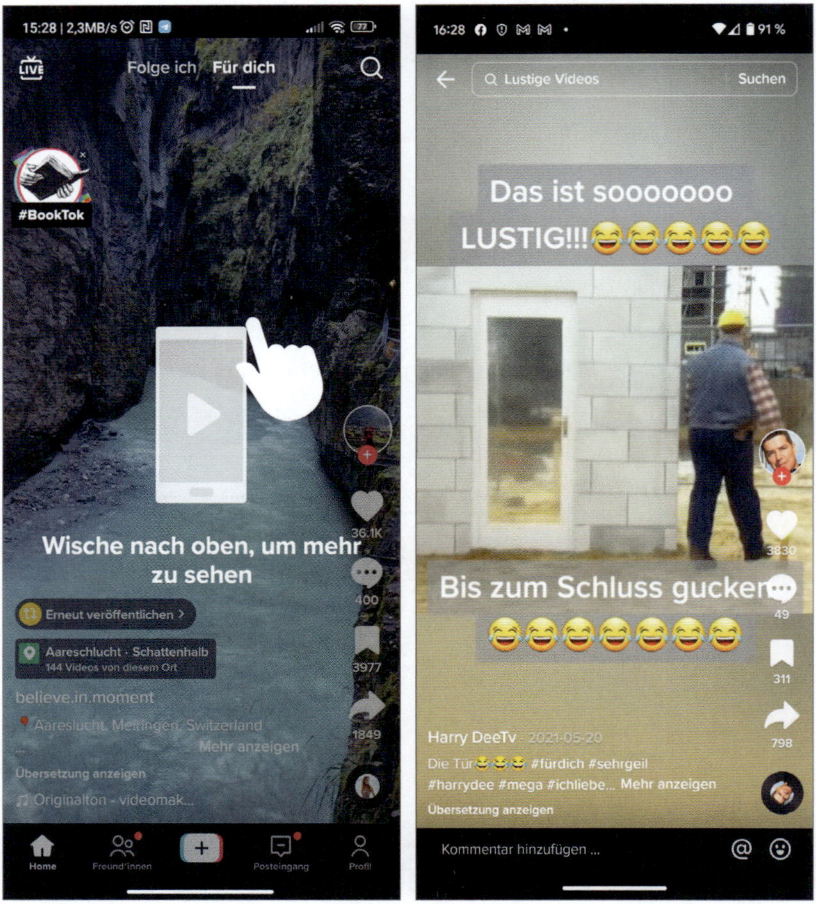

TikTok auf dem Smartphone im Hochformat

Anfangs waren die meisten Inhalte auf TikTok Musikvideos mit Lippensynchronisation. Später kamen Kochthemen, kleine Reiseberichte, Kommentare zu politischen Ereignissen und vor allem jede Menge Spaßvideos hinzu. Die meisten Nutzer haben das Gefühl, TikTok-Videos seien authentisch und nicht gestellt. Damit erleben sie eine Art Gemeinschaftsgefühl mit anderen Nutzern, das es in den anderen sozialen Netzwerken in dieser Form aufgrund der zunehmenden Kommerzialisierung so nicht gibt.

Seit Beginn des Internets wurden online präsentierte Fotos und Videos typischerweise im Querformat präsentiert, TikTok machte auf einmal das Hochformat für Videos gesellschaftsfähig – ähnlich wie Instagram seinerzeit das Quadratformat für Fotos einführte.

Nicht nur das Bildformat, auch die Bedienung durch einfache Wischbewegungen in den Videos wurde von anderen sozialen Netzwerken schnell übernommen. WhatsApp-Status, Facebook Storys, Instagram Reels und YouTube Shorts sind allesamt Antworten auf den Erfolg von TikTok mit seinen kurzen Unterhaltungsvideos. TikTok verfügt über die wichtigsten Funktionen sozialer Netzwerke wie Freunde, Likes, Kommentare und Chats zur Interaktion zwischen Nutzern.

+++ SO GEHT ES AUF DEM PC +++

TikTok funktioniert auch im Browser auf dem PC. Geben Sie dazu in der Adresszeile einfach tiktok.com ein. Dabei wird automatisch das deutsche TikTok-Portal angezeigt. Die meisten Anleitungen in diesem Buch beziehen sich auf die TikTok-App. PC-Nutzer finden in den Kästen **So geht es auf dem PC** nützliche Hinweise zur Browser-Version von TikTok. Diese sieht der App kaum ähnlich und lässt sich betriebssystembedingt auch anders bedienen. Auf dem PC stehen nicht alle Funktionen von TikTok zur Verfügung.

Wichtige Begriffe für TikTok

Um TikTok richtig zu verstehen, hilft es, einige wenige Begriffe der Fachsprache sozialer Netzwerke zu kennen:

Konto – Benutzerkonto bei TikTok, auch als **Account** bezeichnet. In den meisten Fällen meldet man sich mit einem Benutzerkonto an und nutzt dieses auf mehreren Geräten. Die App ermöglicht aber auch das Umschalten zwischen mehreren Konten. Der aus YouTube bekannte Begriff **Kanal** wird in TikTok gleichbedeutend mit **Profil** verwendet.

Creator – Eine Person, die selbst Videos veröffentlicht. Der Begriff bezeichnet gleichermaßen Privatpersonen und Hobbyfilmer wie auch kommerzielle Anbieter. Im Deutschen wird oft auch der Begriff **Ersteller** verwendet.

Follower – Nutzer, die einer Person in einem sozialen Netzwerk »folgen«, sie bekommen deren Bilder und Beiträge also automatisch angezeigt. Bei Facebook heißen Follower **Freunde**, bei Instagram **Abonnenten**. Der Begriff **Follower** ist allgemein aber weiter verbreitet. Besonders kommerzielle Nutzer versuchen, möglichst viele Follower zu bekommen.

Freunde – TikTok verwendet diesen Begriff nur für Follower, denen Sie ebenfalls folgen.

Profil – Alles, was andere zu Ihrer Person sehen außer den hochgeladenen Videos. Dazu zählen insbesondere der Name und ein Profilbild.

Feed – Von TikTok anhand der eigenen Interessen und abonnierten Kanäle vorgeschlagene Videos werden zum persönlichen Nachrichtenfeed zusammengefasst. Diese Videos können automatisch nacheinander angezeigt werden.

Story – Kurzes Video, das nach 24 Stunden wieder verschwindet. Bei Storys geht es den meisten darum, die Freunde am eigenen Leben teilhaben zu lassen. Die Qualität spielt keine so große Rolle wie bei auf klassischem Weg veröffentlichten Videos.

Kommentar – Jeder Nutzer kann jedes Video kommentieren. Wie jedes soziale Netzwerk lebt TikTok von dieser Kommunikation zwischen den Nutzern. Achten Sie auf einen freundlichen Umgangston.

Like – Eine kurze Geste, mit der man zeigt, dass einem ein Video gefällt. Facebook bietet von Anfang an den sogenannten Like-Button mit dem Daumen nach oben 👍 an, auf Deutsch *Gefällt mir*, der mittlerweile zum festen Sprachgebrauch der Internetgeneration – auch im Offlineleben – gehört. Sogar der Duden hat das Verb »liken« aufgenommen. TikTok verwendet ein Herzsymbol statt des typischen Daumens für einen Like.

Interessante Fakten zu TikTok

TikTok wurde im Jahr 2016 als Nachfolger der ehemaligen Musikvideoplattform musical.ly von der chinesischen Internetfirma ByteDance unter dem Namen Douyin gestartet. TikTok gilt im Mutterland China als beliebteste App. Seit 2017 ist TikTok unter diesem Namen international nutzbar. Douyin läuft weiter nur in China und konform mit der dortigen Rechtslage, um nicht unter die Zensur zu fallen.

Heute gehört TikTok mit über einer Milliarde monatlich aktiver Nutzer zu den beliebtesten sozialen Netzwerken weltweit. Die App ist in 141 Ländern und in 39 Sprachen verfügbar.

Seit dem Jahr 2018, dem ersten kompletten Jahr, in dem TikTok international nutzbar war, konnte die App ihre Nutzerzahl um das 19-fache von 55 Millionen auf 1.051 Millionen erhöhen. Zurzeit führen die USA mit rund 136,42 Millionen monatlich aktiver Nutzer die Statistik an, gefolgt von Indonesien mit 99,07 Millionen. Zählt man allerdings die chinesischen Douyin-Nutzer mit, liegt das bevölkerungsreichste Land der Erde auch bei TikTok ganz vorn. Deutschland erreicht mit 19,51 Millionen Nutzern Platz 15 zwischen dem Irak und Frankreich und ist damit nach Großbritannien das europäische Land mit der zweitgrößten Nutzerbasis. Knapp jeder vierte Deutsche nutzt TikTok mindestens einmal im Monat.

Nach Anzahl der monatlich aktiven Nutzer liegt TikTok weltweit auf Platz 6 nach Facebook, YouTube, WhatsApp, Instagram und WeChat. Zählt man die 715 Millionen Nutzer der chinesischen Variante Douyin hinzu, erreicht das TikTok-Netzwerk sogar Platz 5.

Gemessen an der durchschnittlichen täglichen Nutzungsdauer liegt die TikTok-App in Deutschland ebenfalls auf Platz 6 nach den beliebten Apps WhatsApp, Chrome, YouTube, Instagram und Facebook.

Eine knappe Mehrheit von 57 % der TikTok-Nutzer ist weiblich, 43 % sind männlich. Diese Verteilung gilt für alle Altersgruppen gleichermaßen. Die meisten Nutzer sind in der Altersgruppe der 18- bis 24-Jährigen zu finden. Hier sind 41 % monatlich auf TikTok aktiv. In der Altersgruppe über 44 Jahre sind es nur noch 11 %. Gerade bei Kindern und Jugendlichen ist TikTok auf weit über der Hälfte aller Smartphones installiert. Die Altersbegrenzung ab 13 Jahren ist nur in der EU, der Schweiz sowie in Großbritannien vorgeschrieben, wird aber nicht überprüft. Nutzer verbringen durchschnittlich 95 Minuten täglich auf TikTok. 90 % der TikTok-Nutzer verwenden die App täglich und öffnen sie durchschnittlich achtmal am Tag.

TikTok betreibt selbst eigene Konten in den meisten Ländern und bietet hier Hilfestellung und Antworten auf häufige Fragen der Nutzer in Form von Videos an.

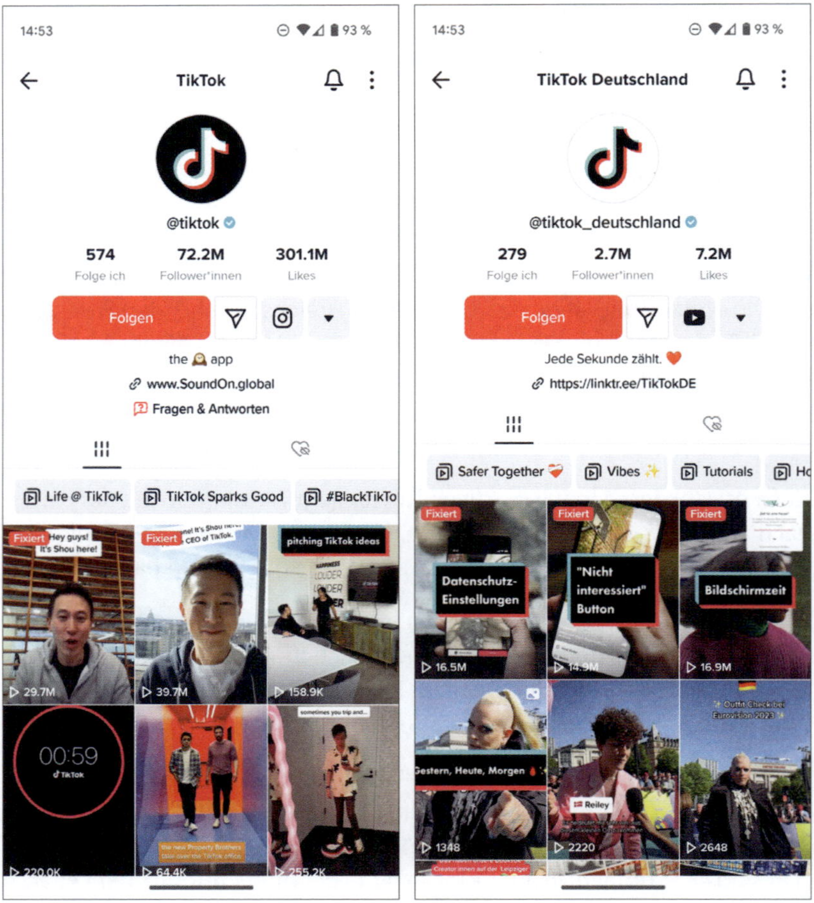

Die offiziellen TikTok-Konten @tiktok und @tiktok_deutschland

Die erfolgreichsten TikToker

Der italienische Komiker senegalesischer Abstammung Khabane Lame betreibt den erfolgreichsten TikTok-Account *@khaby.lame* mit 160,9 Millionen Followern. Auf dem zweiten Platz folgt die US-amerikanische Influencerin Charli D'Amelio mit ihrem Account *@charlidamelio* mit 150,9 Millionen Followern.

Unter den deutschen TikTokern hält der Frankfurter *@youneszarou* den Rekord mit 52,7 Millionen Followern mit großem Abstand vor *@noelgoescrazy* mit 33,1 Millionen Followern.

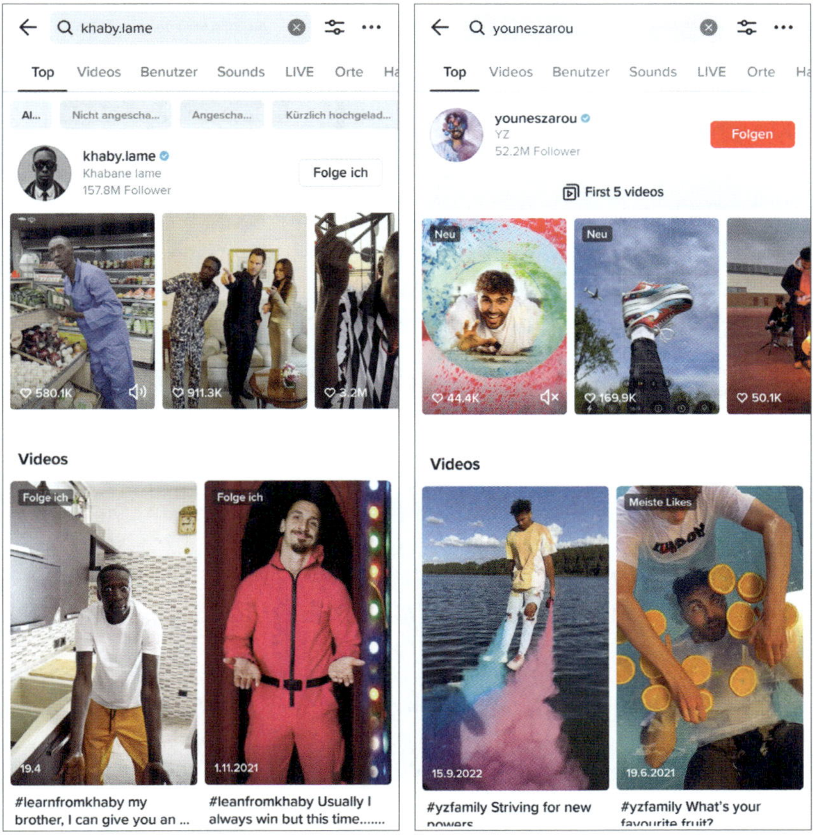

Die beliebten TikTok-Accounts @khaby.lame und @youneszarou

TikTok herunterladen und installieren

TikTok kann auf fast allen Smartphones aus dem vorinstallierten App Store kostenlos heruntergeladen und installiert werden. Am einfachsten klicken Sie auf dem PC im Browser bei tiktok.com unten rechts auf das Symbol *App holen*. Scannen Sie dann den eingeblendeten QR-Code oder den QR-Code direkt aus dieser Abbildung.

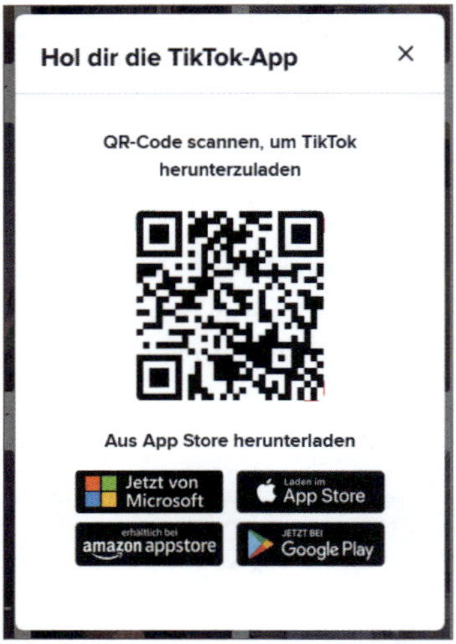

TikTok-App herunterladen

Hier wird das Betriebssystem des Smartphones automatisch erkannt und der jeweilige App Store wird geöffnet, um TikTok herunterzuladen. Das funktioniert auch auf Geräten ohne Google Play Store.

Huawei-Smartphones öffnen automatisch die AppGallery, Kindle-Fire-Tablets den Amazon AppStore und Windows-Tablets den Microsoft Store. Diese Stores bieten die TikTok-App ebenfalls an.

Downloadzahlen von TikTok

Im vierten Quartal 2022 wurde die TikTok-App weltweit insgesamt auf 186 Millionen Geräten erstmals installiert, davon 90 % Android und 10 % iOS, Windows-Desktop und andere zusammen. Die meisten Installationen gab es im ersten Quartal 2020 mit 301 Millionen Downloads. TikTok begründet diesen außergewöhnlichen Anstieg der Nutzer mit der Langeweile vieler Menschen während der damaligen Lockdowns.

Im Januar 2023 wurde die TikTok-App 25,7 Millionen Mal aus dem Google Play Store und 12,3 Millionen Mal aus dem Apple Store heruntergeladen. Bei einer durchschnittlichen Downloadzahl von 50 Millionen pro Monat bleiben noch rund 12 Millionen aus anderen Quellen.

Die TikTok-App für Android

Die Smartphone-App von TikTok ist wesentlich wichtiger als die Webseite. Bei einem Update im September 2022 führte TikTok mit 23,96 Millionen Downloads die Download-Statistik des Google Play Store an, noch vor Instagram und WhatsApp.

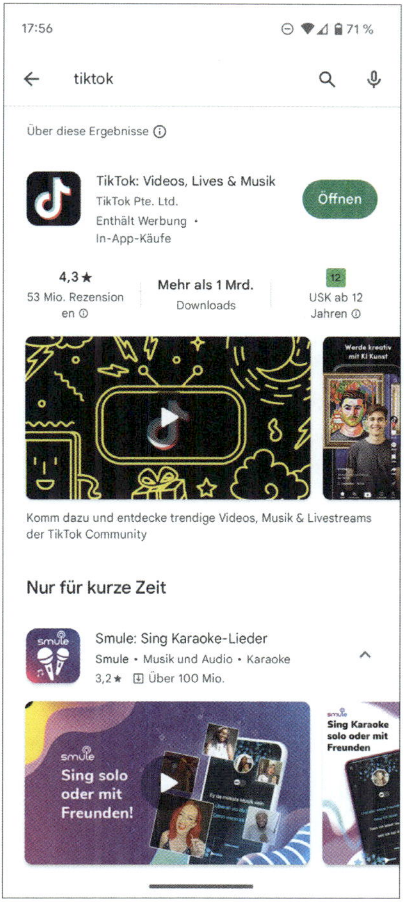

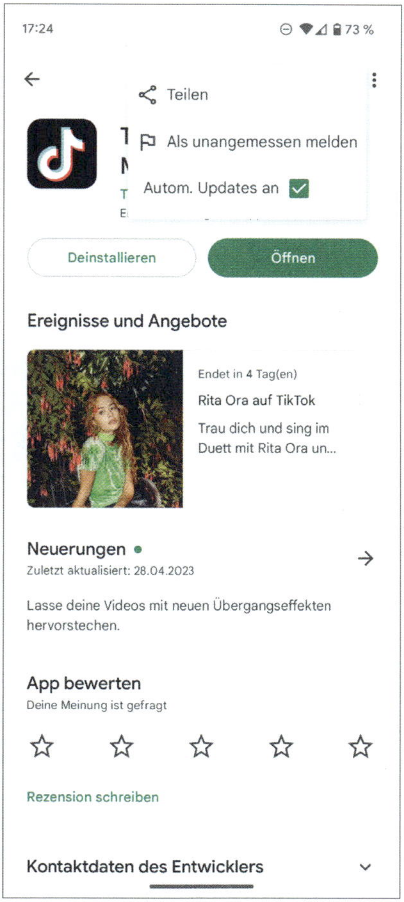

TikTok im Google Play Store, rechts: automatische Updates der TikTok-App

TikTok unterstützt alle Android-Versionen ab Android 5 aus dem Jahr 2014 und damit rund 99 % der derzeit im Umlauf befindlichen Android-Smartphones.

Die TikTok-App ist auf Smartphones mancher Hersteller bereits vorinstalliert. Achten Sie auch hier darauf, dass bei der App im Google Play Store die automatischen Updates eingeschaltet sind, damit TikTok immer auf dem aktuellsten Stand ist.

Dieses Buch beschreibt TikTok für Android 12 und 13. Die Screenshots wurden alle mit dem originalen Android ohne herstellerspezifische Benutzeroberflächen gemacht. In einigen Fällen kann es kleine Unterschiede zu älteren Android-Versionen oder Geräteoberflächen wie etwa auf Samsung-Smartphones geben, die aber kaum auffallen.

Kein Google Play Store

In Kapitel 6 »Techniktipps« finden Sie Installationshinweise für Geräte ohne Google Play Store. Das betrifft insbesondere die Huawei-Smartphones, die vom US-Embargo betroffen sind, Geräte kleinerer chinesischer Hersteller, Tablets der Amazon-Fire-Serie, Smart-TVs und Mediaboxen.

Die TikTok-App für iOS

TikTok wird auf iPhones über den App Store installiert. Um die Gefahr von Fake-Apps zu vermeiden, ist die Original-TikTok-App im App Store einfach über die Top-Liste der Gratis-Apps zu finden, oder Sie nutzen den weiter oben abgebildeten QR-Code.

iPhone-Nutzer finden in den Kästen **So geht's auf dem iPhone** nützliche Hinweise zur iOS-Version von TikTok. Die App sieht auf den ersten Blick weitgehend gleich aus. Allerdings lässt sich die iOS-Version betriebssystembedingt an einigen Stellen anders bedienen. Besonders bei reinen Systemfunktionen außerhalb der eigentlichen App, beispielsweise bei der Bildschirmtastatur oder beim Teilen von Videos in anderen Apps, gibt es Unterschiede.

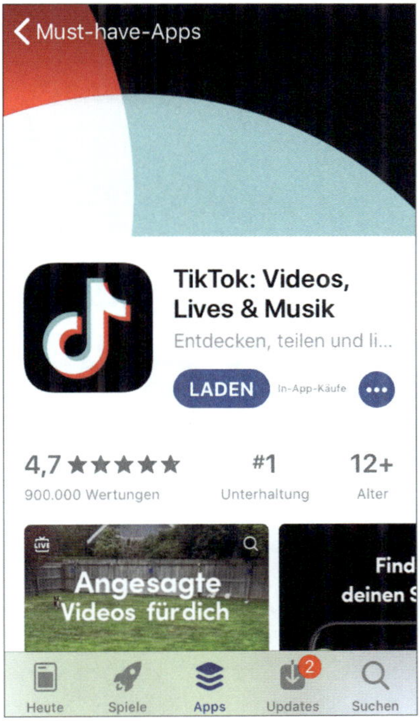

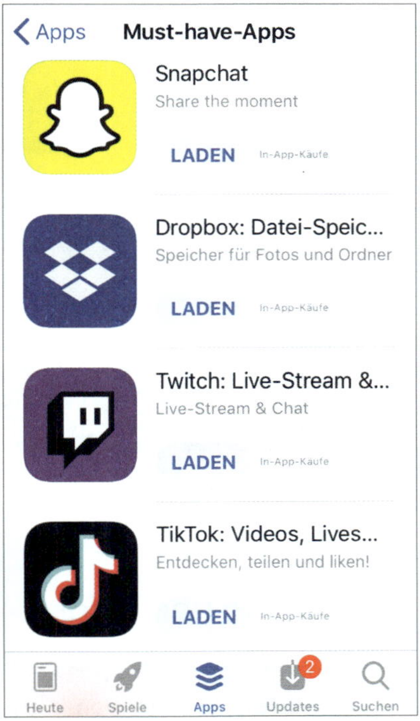

Die TikTok-App für Windows-PCs

Auf Windows-PCs kann TikTok im Browser über tiktok.com genutzt werden. Komfortabler ist die Windows-App aus dem Microsoft Store. Ein Button unterhalb des QR-Codes beim Klick auf *App holen* im Browser führt direkt zur TikTok-App im Microsoft Store. Sie können dort auch einfach suchen. Wie bei vielen beliebten Apps wird das echte TikTok in den Suchergebnissen ganz oben hervorgehoben angezeigt, damit Nutzer nicht auf Fake-Apps hereinfallen.

Ein Klick auf *Installieren* installiert die TikTok-App für Windows. Beim ersten Start legen Sie noch fest, ob die TikTok-App an die Taskleiste oder im Startmenü angeheftet oder eine Desktop-Verknüpfung erstellt werden soll. Sie können die App auch bei der Windows-Anmeldung automatisch starten, was aber nur in den seltensten Fällen sinnvoll erscheint.

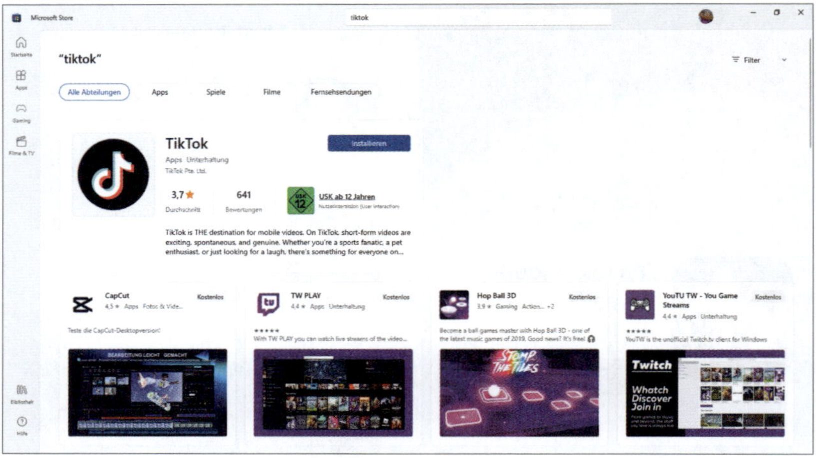

Suche nach TikTok im Microsoft Store

Anmeldung bei TikTok

TikTok funktioniert im Browser auf dem PC mit Einschränkungen ohne Anmeldung. Um alle Funktionen zu nutzen, ist auch hier ein TikTok-Konto nötig. Die Smartphone-App benötigt dieses Konto immer.

Ein TikTok-Benutzerkonto wird verwendet, um Verlaufslisten und Abos zu speichern, die dann auf allen angemeldeten Geräten genutzt werden können. So kann man ein auf dem Smartphone angesehenes Video später auf dem großen PC-Bildschirm oder TV weitersehen. Auch zum Liken, Kommentieren und Chatten wird die Anmeldung genutzt.

Neues Konto anlegen

Haben Sie noch kein TikTok-Konto, können Sie es direkt auf dem Smartphone einrichten. TikTok bietet verschiedene Möglichkeiten, schnell und einfach ein Benutzerkonto anzulegen.

1. Am einfachsten wählen Sie ein auf dem Smartphone vorhandenes Facebook-, Google- oder Twitter-Konto aus und nutzen dieses zum Anlegen eines TikTok-Kontos. Alternativ können Sie auch mit E-Mail-

Adresse oder Telefonnummer und einem selbst gewählten Passwort ein TikTok-Konto anlegen.

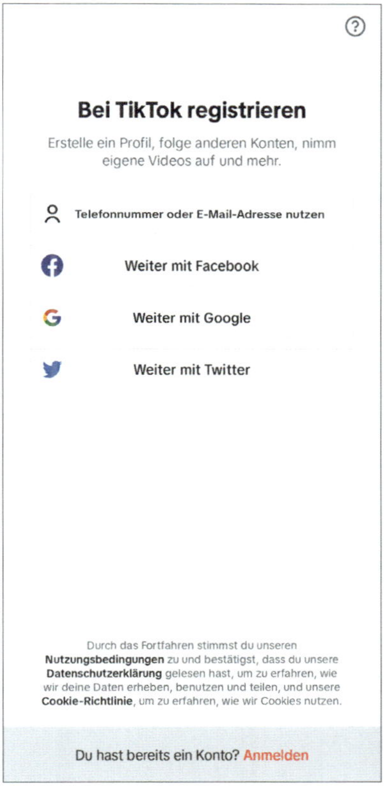

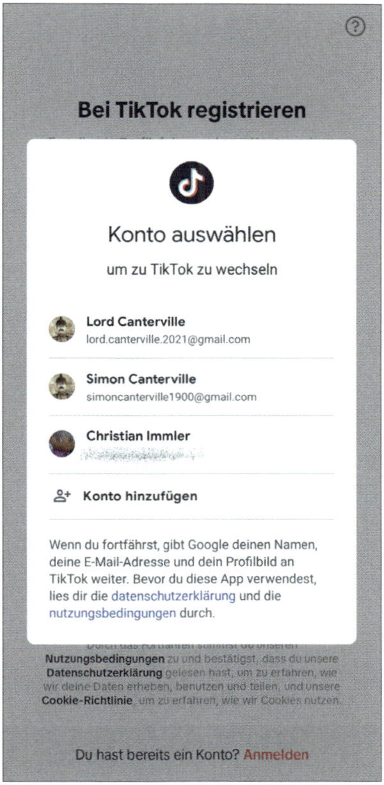

Neues TikTok-Konto anmelden, rechts: Google-Konto zur Anmeldung bei TikTok auswählen

Gültige Daten verwenden

Stellen Sie sicher, dass die E-Mail-Adresse und Telefonnummer gültig sind, denn sie werden für die Anmeldung sowie die Wiederherstellung des Passworts benötigt. Verwenden Sie eine E-Mail-Adresse, die Sie auch auf anderen Geräten lesen können, falls das Smartphone defekt ist oder verloren geht.

2. Jetzt geben Sie noch Ihr Geburtsdatum wegen der Alterskontrolle ein und legen einen Spitznamen fest, unter dem Sie auf TikTok zu sehen sind. Das zur Anmeldung verwendete Konto ist öffentlich nicht sichtbar.
3. Wählen Sie ein paar Ihrer wichtigsten Interessen aus, damit TikTok interessante Videos vorschlagen kann. Im Laufe der Zeit lernt TikTok Ihre Interessen anhand der abgespielten Videos kennen und die Vorschläge werden immer besser.

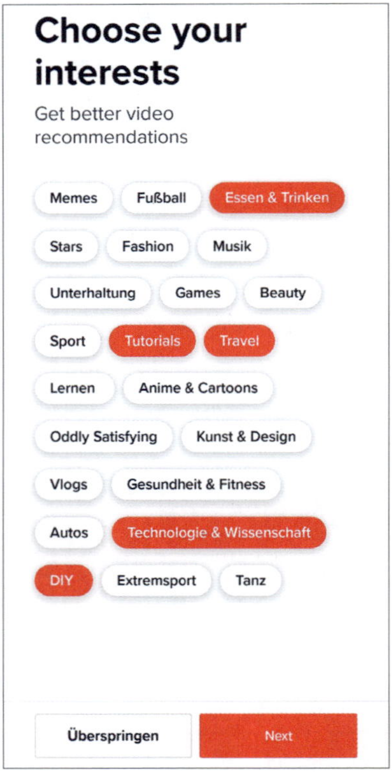

Interessen für Videovorschläge auswählen

4. Wenn Sie im nächsten Schritt Ihre Telefonkontakte synchronisieren, findet TikTok leicht Ihre Freunde, die ebenfalls auf TikTok aktiv sind. Ohne diese Synchronisation werden eher zufällig Freunde vorgeschlagen.
5. Anschließend erscheint sofort das erste Video.

Mit vorhandenem Konto auf einem neuen Gerät anmelden

Haben Sie bereits auf einem anderen Gerät ein TikTok-Konto erstellt, können Sie sich auf einem weiteren Gerät ganz einfach anmelden, wenn dort das gleiche Facebook-, Google- oder Twitter-Konto vorhanden ist. Sie brauchen dieses nur noch auszuwählen und sind angemeldet, ohne ein Passwort eingeben zu müssen. Haben Sie Ihr TikTok-Konto mit einer E-Mail-Adresse oder Telefonnummer angemeldet, müssen Sie auf dem anderen Gerät die entsprechenden Zugangsdaten eingeben.

+++ SO GEHT ES AUF DEM PC +++

In der TikTok-App auf dem PC können die gleichen Anmeldeverfahren wie auf dem Smartphone genutzt werden. Zusätzlich bietet die TikTok-App auf dem PC eine einfache Möglichkeit, sich mit einem auf dem Smartphone bereits angemeldeten Konto anzumelden. Klicken Sie in der TikTok-App auf dem PC auf *Anmelden* und wählen Sie die Option *QR-Code nutzen*. Jetzt erscheint ein QR-Code, den Sie mit einem beliebigen auf dem Smartphone installierten QR-Code-Scanner einlesen. Auf dem Smartphone erscheint eine Meldung von TikTok, in der Sie die Anmeldung des PCs bestätigen. Danach sind Sie auf dem PC automatisch mit dem gleichen Konto wie auf dem Smartphone angemeldet.

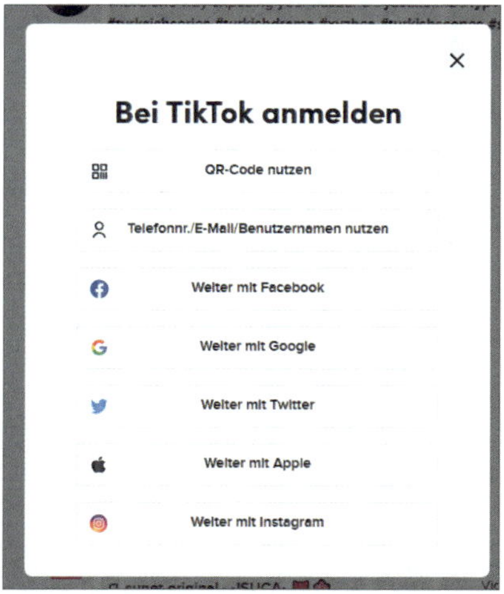

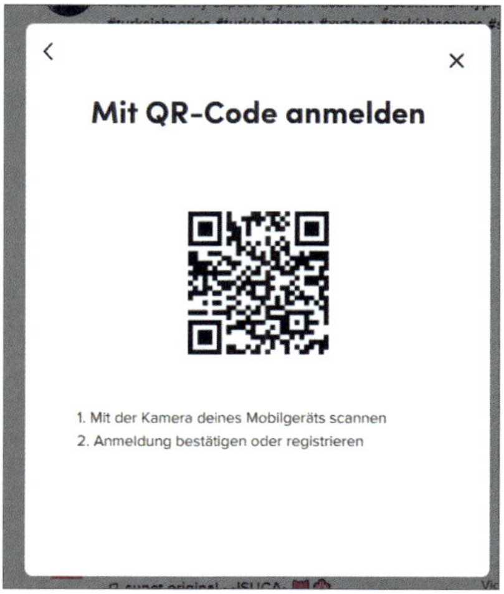

2. Videos entdecken und abspielen

Die TikTok-App verwendet keine Startseite im Stil anderer Videoportale oder sozialer Netzwerke, sondern startet direkt mit einem aktuellen Video im Vollbildmodus. Die Videos werden anhand Ihrer Interessen und aus abonnierten Kanälen vorgeschlagen. Die Videos starten sofort automatisch. Tippen Sie in der Mitte auf ein laufendes Video, um dieses anzuhalten. Auf die gleiche Weise lassen Sie ein pausiertes Video weiterlaufen. Eine senkrechte Wischbewegung auf dem Bildschirm zeigt das nächste oder vorhergehende Video in der automatisch vorgeschlagenen Liste.

Die Benutzeroberfläche von TikTok

TikTok blendet in allen Videos Bedienelemente für alle wichtigen Funktionen ein. Einen echten Vollbildmodus gibt es hier nicht.

Werbung in TikTok

TikTok zeigt zwischen den Videos der Nutzer auch kommerzielle Werbevideos. Diese sind unten in der Videobeschreibung als Anzeige gekennzeichnet und enthalten einen Button *Herunterladen* oder *Kaufen* am unteren Bildschirmrand.

Bedienelemente in TikTok-Videos

Symbole am oberen Bildschirmrand

Die Symbolleiste am oberen Bildschirmrand dient dazu, bestimmte Inhalte auf TikTok zu finden.

Das Symbol *LIVE* schaltet in einen neuen Bereich von TikTok, in dem Live-Präsentationen zu sehen sind, bei denen die Zuschauer interaktiv mit dem Creator kommunizieren können. In den meisten Live-Videos präsentieren Gamer Live-Partien von Computerspielen.

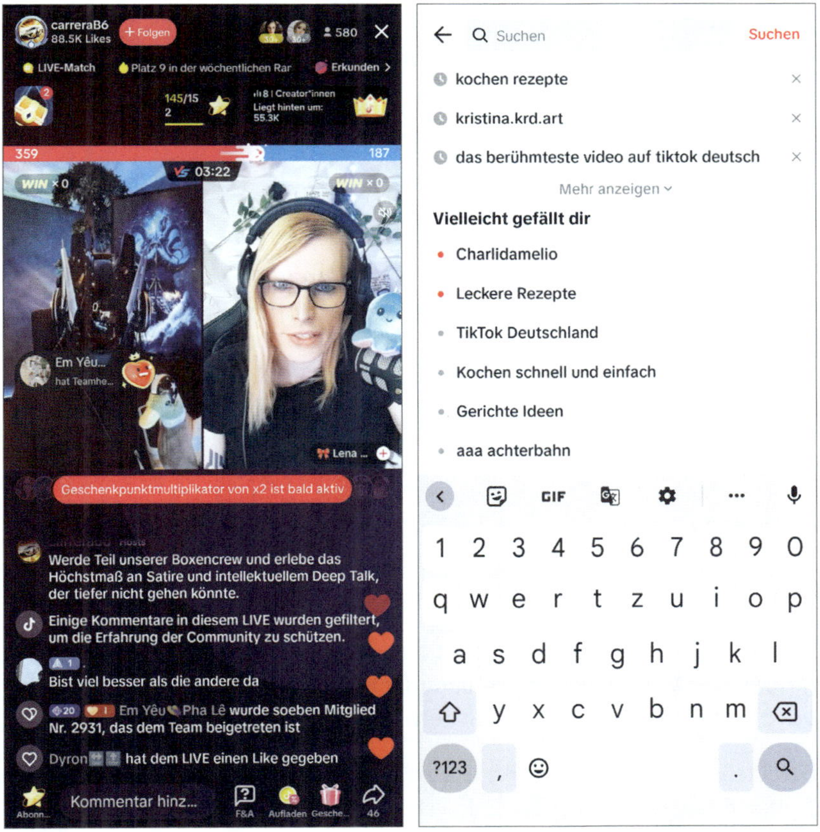

Links: Live-Gaming, rechts: Suche auf TikTok

Die TikTok-App zeigt auf dem Hauptbildschirm zwei unterschiedliche Video-Feeds. *Folge ich* enthält nur Videos von Creatoren, denen Sie folgen.

Der Video-Feed *Für dich* – von Nutzern gern auch als *For you page (fyp)* bezeichnet – zeigt Videos, die TikTok automatisch vorschlägt. Dabei werden die eigenen Interessen und Interaktionen wie Likes und Kommentare genutzt, um jedem Nutzer möglichst interessante Videos vorzuschlagen. Entscheidend zur Auswahl trägt auch bei, wie lange man ein Video betrachtet. Wischen Sie ein Video nach den ersten Sekunden weg, wird das ähnlich wie ein *Gefällt mir nicht* interpretiert.

Das Lupensymbol blendet ein Suchfeld ein, in dem Sie nach Stichwörtern Videos, Benutzer oder Orte suchen können.

Symbole am rechten Bildschirmrand

Die Symbole am rechten Bildschirmrand beziehen sich auf das aktuell laufende Video.

Das erste Symbol zeigt das Profilbild des Creators. Tippen Sie darauf, kommen Sie zu seinem Profil und finden dort auch seine anderen Videos.

Das Herzsymbol zeigt die Anzahl der Likes für das laufende Video. Indem Sie darauf tippen, liken Sie das Video. Das Herz erscheint dann in Rot.

Das Kommentarsymbol zeigt die Anzahl der Kommentare für das laufende Video. Tippen Sie darauf, um die Kommentare zu lesen oder selbst einen Kommentar zu schreiben.

Das Favoritensymbol zeigt, wie oft das laufende Video als Favorit gespeichert wurde. Tippen Sie darauf, um es unter den Favoriten oder in einer Sammlung zu speichern.

Das Pfeilsymbol zeigt, wie oft das laufende Video geteilt wurde. Tippen Sie darauf, um es als Link weiterzuteilen.

Bei eigenen Videos erscheint statt des *Teilen*-Symbols ein Symbol mit drei Punkten. Das soll zeigen, dass hier außer Teilen noch einiges mehr möglich ist. So können Sie unter anderem Beschreibungsdaten des Videos ändern oder Aufrufstatistiken einsehen.

TikTok-Nutzer können für ihre Videos aus einer riesigen Bibliothek an Hintergrundsounds wählen. Tippen Sie auf das meistanimierte Sound-Symbol ganz unten in der Symbolleiste, können Sie den Sound anhören und finden Videos, die diesen Sound ebenfalls verwenden. Nutzt das Video einen Originalsound des Creators, etwa eine aufgenommene Stimme, sieht das Sound-Symbol wie das Profilbild des Creators aus.

Symbolleiste ausblenden

Die Symbolleiste am rechten Bildschirmrand stört oft beim Betrachten von Videos.

Tippen Sie länger mitten in ein Video und danach auf das Symbol *Bildschirm aufräumen*, wird die Symbolleiste ausgeblendet. Um sie wieder einzublenden, tippen Sie auf das neue Symbol rechts unten.

Symbole am unteren Bildschirmrand

Die Symbolleiste am unteren Bildschirmrand schaltet zwischen verschiedenen Bereichen der TikTok-App um.

Das Symbol *Home* schaltet jederzeit zur Startseite zurück, auf der die Videos angezeigt werden.

Die Seite *Freunde*, in manchen App-Versionen als *Freund*innen* benannt, zeigt kürzlich hochgeladene Videos der eigenen TikTok-Freunde. Unterhalb des letzten Videos erscheint eine Liste von Freundesvorschlägen. Hier durchsucht TikTok die eigenen

Kontakte nach Personen, die ebenfalls auf TikTok aktiv sind, und schlägt auch Freunde von Freunden vor.

Mit dem Plussymbol unten in der Mitte erstellen Sie eigene Videos und laden sie auf TikTok hoch.

Das Symbol *Posteingang* zeigt Nachrichten von Freunden sowie Systembenachrichtigungen von TikTok an.

Das Symbol *Profil* führt zum eigenen TikTok-Profil. Hier können Sie Ihr Profil bearbeiten.

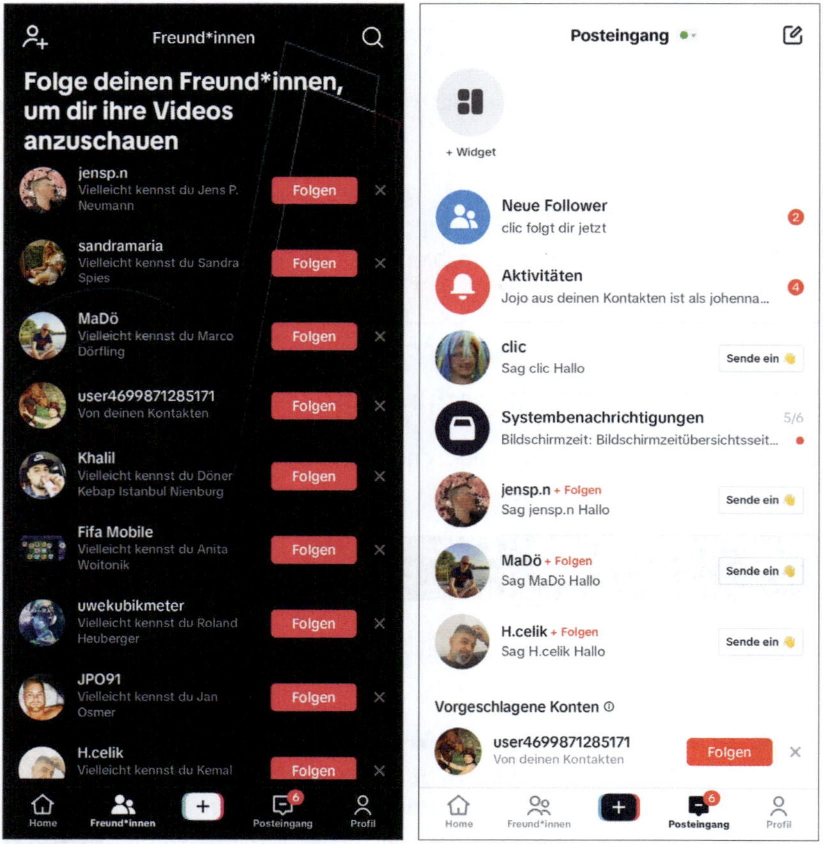

Freunde-Seite und Posteingang in der TikTok-App

Die Benutzeroberfläche von TikTok auf dem PC

Die Benutzeroberfläche von TikTok auf dem PC enthält zwar weitgehend die gleichen Elemente wie die App, sie sind aber anders angeordnet.

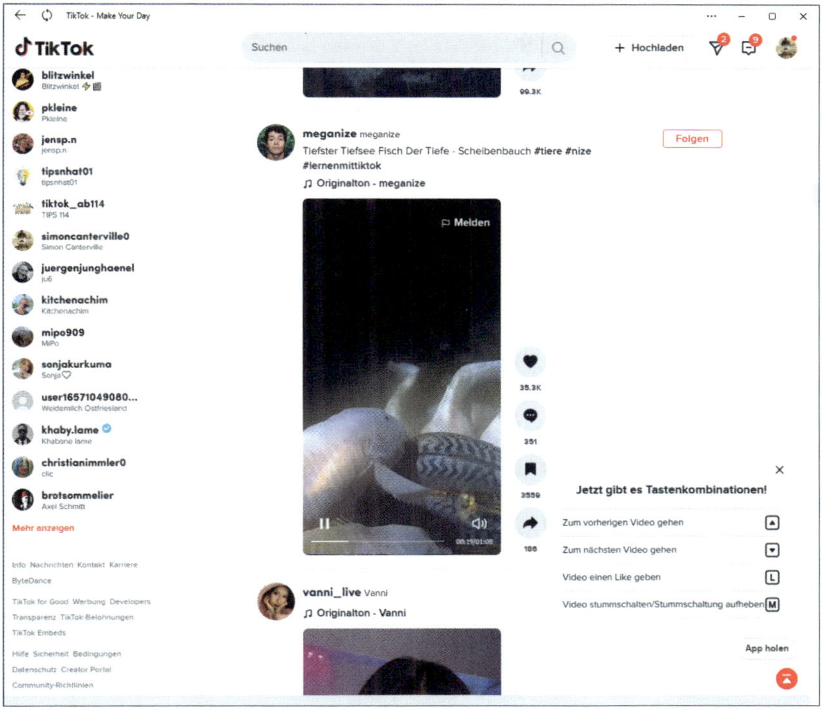

Der Hauptbildschirm der TikTok-Windows-App

Mit dem Mausrad oder den Pfeiltasten nach oben und unten blättern Sie durch die Videos.

Fahren Sie mit der Maus über ein Video, erscheinen ein Pausensymbol und ein Lautstärkeregler.

Mit dem Schieber unten spulen Sie im Video vor oder zurück. Klicken Sie auf ein Video, wird es groß im Fenster abgespielt.

Kurztasten auf dem PC

Zur Steuerung von TikTok auf dem PC können einige Tasten der Standardtastatur verwendet werden.

Taste	Funktion
↑	Zum vorherigen Video
↓	Zum nächsten Video
L	Video liken
M	Ton stummschalten/Stummschaltung aufheben
Leer	Pause/Fortsetzen (nur in der großen Darstellung)

Symbolleisten in der TikTok-Windows-App

Das Suchfeld und das Symbol *Hochladen* am oberen Bildschirmrand entsprechen weitgehend den betreffenden Funktionen in der App – mit dem Unterschied, dass Sie aus der Windows-App nicht direkt Videos aufnehmen können, auch wenn der PC über eine Kamera verfügt.

Die Symbole oben rechts für Chats und Benachrichtigungen sind in der Smartphone-App zu einem Symbol zusammengefasst. Beim Klick auf das Profilbild erscheint ein Menü, in dem Sie unter anderem Ihr Profil anzeigen. Hier finden Sie auch Einstellungen, die in der Smartphone-App etwas anders angeordnet sind.

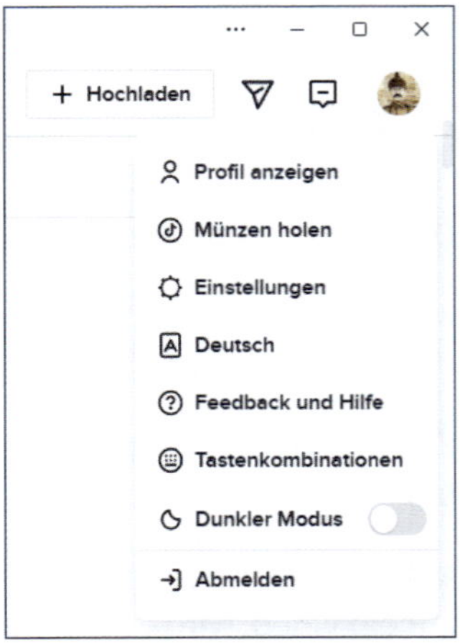

Das Menü beim Klick auf das Profilbild

Die Symbole *Für dich*, *Folge ich* und *LIVE* links oben entsprechen den Symbolen in der Smartphone-App. Die Seite *Erkunden* wurde zum Leidwesen vieler Nutzer aus der Smartphone-App entfernt. Hier werden Videos zu bestimmten Themen vorgestellt.

Am linken Bildschirmrand finden Sie noch eine Liste der TikTok-Konten, denen Sie folgen. Diese Liste ist auf dem Smartphone schwerer zu finden. Hier müssen Sie auf der Profilseite auf die Zahl bei *Folge ich* tippen.

Bild im Bild auf dem PC

Auf dem PC können Sie ein TikTok-Video betrachten und weiterhin andere Programme nutzen.

In der Großansicht eines Videos erscheint oben das Symbol *Bild im Bild*. Klicken Sie darauf, wird das Video weiterhin in einem kleinen Fenster abgespielt. Dieses Fenster können Sie in der Größe ziehen und auch verschieben. Es bleibt immer im Vordergrund, auch wenn Sie nebenbei andere Programme nutzen.

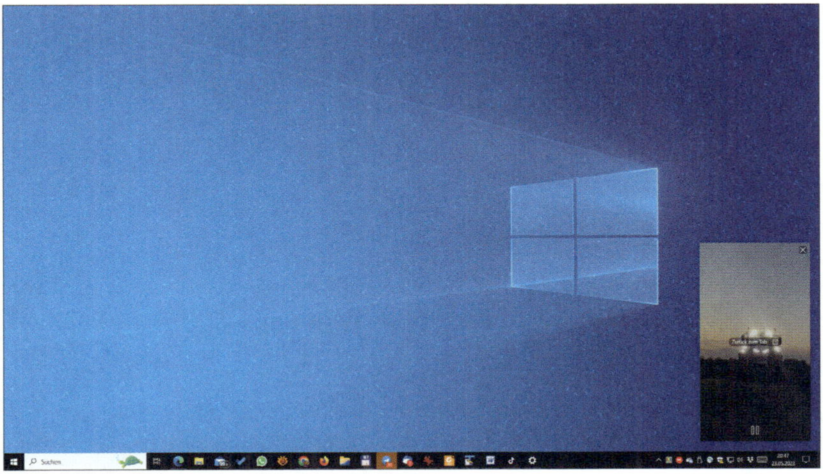

Bild-im-Bild-Video auf dem Desktop

Videos suchen

TikTok wird immer mehr zu einer wichtigen Suchmaschine, besonders für Anleitungsvideos, und verfügt deshalb über eine ausgefeilte Suchfunktion zur Suche von Videos nach Stichwörtern. Entscheidend dafür, dass ein Video gefunden wird, ist, dass das Stichwort im Titel oder in der Videobeschreibung vorkommt. Solange der Suchbegriff nur im Video ausgesprochen wird, findet die Suche ihn in den meisten Fällen nicht.

Tippen Sie auf das Suchsymbol oben rechts und geben Sie den Suchbegriff ein. Während der Eingabe werden bereits Suchvorschläge angezeigt. Tippen Sie auf einen Vorschlag oder nach der Eingabe rechts auf *Suchen*, werden passende Videos angezeigt.

Standardmäßig werden die Ergebnisse nach sogenannter Relevanz sortiert, einer von TikTok selbst festgelegten Reihenfolge. Über das Filtersymbol oben rechts neben dem Suchfeld lassen sich die Ergebnisse auch nach Veröffentlichungsdatum oder Anzahl der Likes sortieren, was meist wesentlich aussagekräftiger ist.

In vielen Fällen sind nur aktuelle Videos interessant. Dazu können Sie im Bereich *Veröffentlichungsdatum* einen zeitlichen Rahmen festlegen, der von den letzten sechs Monaten bis zu den letzten 24 Stunden reichen kann, um nur topaktuelle Videos zu sehen.

Videobeschreibung

Die Videobeschreibung ist in der TikTok-App bei jedem Video nur stark verkürzt zu sehen. Einige Videos haben allerdings sehr ausführliche Beschreibungen.

Tippen Sie in der verkürzten Videobeschreibung auf *Mehr anzeigen*, um die Beschreibung komplett anzuzeigen. Tippen Sie in der kompletten Beschreibung, in der Sie auch scrollen können, unten rechts auf *Verbergen*, erscheint wieder die verkürzte Beschreibung.

+++ SO GEHT ES AUF DEM PC +++

Auf dem PC erscheinen die ersten Zeilen der Videobeschreibung über jedem Video. Klicken Sie auf *Mehr*, um die Beschreibung komplett zu lesen. Ein Klick auf *Weniger* schaltet wieder zur Standarddarstellung zurück.

Videobeschreibung anzeigen

Hashtags

Hashtags sind Themen, die bestimmte Bilder kennzeichnen. Hashtags sind eine wichtige Komponente bei der Thematisierung von Videos auf TikTok. Beim Veröffentlichen eines Videos empfiehlt es sich immer, solche Hashtags zu vergeben, um Videos für andere, die das eigene Profil nicht abonniert haben, leichter auffindbar zu machen.

Suchen Sie im Suchfeld von TikTok nach einem Hashtag, geben Sie dazu das Zeichen # gefolgt vom gewünschten Suchbegriff ein. Bereits während der Eingabe werden beliebte Hashtags mit den eingegebenen Buchstaben vorgeschlagen. Sie können auch nach einer beliebigen Suche in der Leiste unter dem Suchfeld auf die Seite *Hashtags* wechseln. Dort werden beliebte Hashtags passend zum Suchbegriff angezeigt. Tippen Sie auf einen Hashtag in der Liste, werden Videos angezeigt, die mit diesem Hashtag versehen sind.

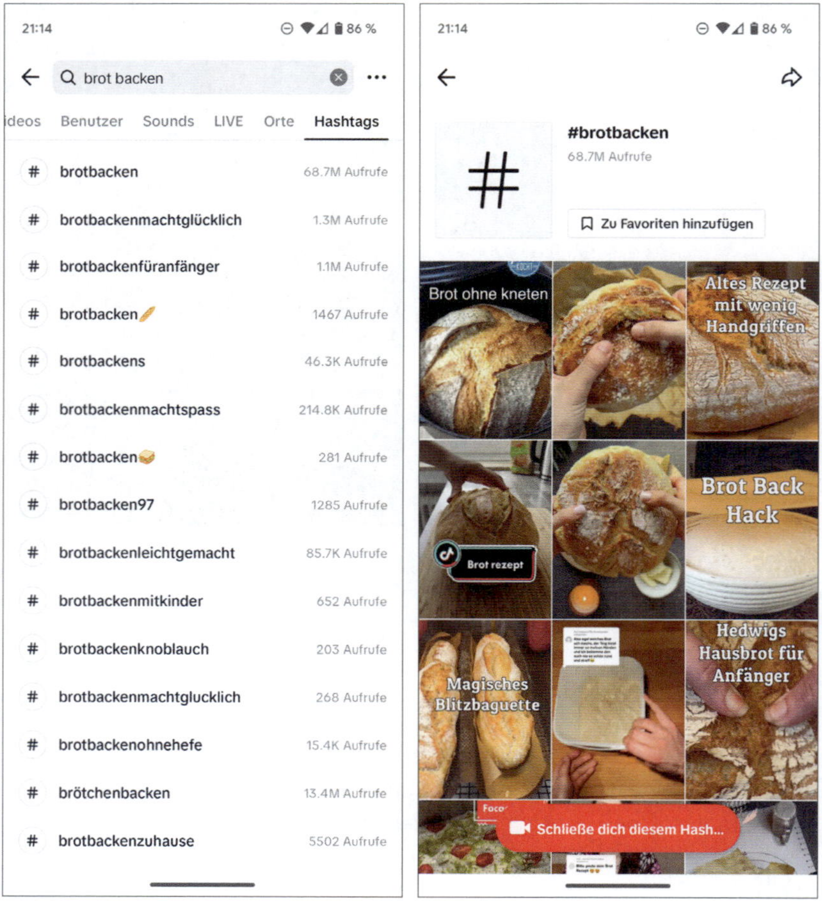

Suche nach einem Hashtag und Videos, die mit einem gesuchten Hashtag markiert sind

Hashtags stehen im Klartext in der Videobeschreibung. TikTok baut daraus automatisch Links. Sie können in der Beschreibung eines Videos einfach auf einen Hashtag tippen und bekommen passende Suchergebnisse, nicht nur Hashtags, angezeigt.

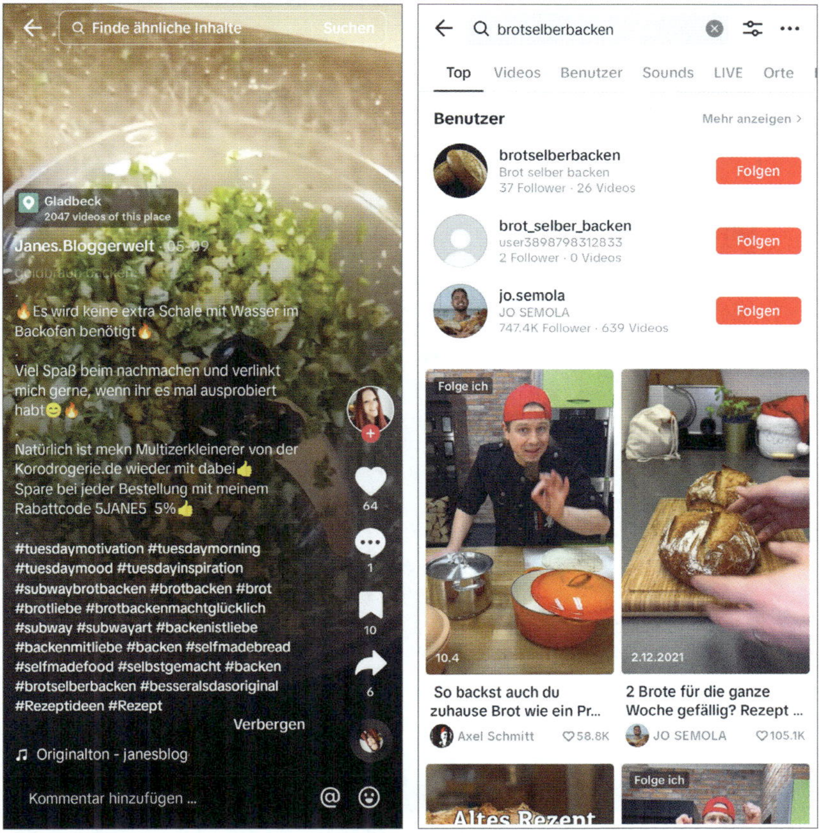

Hashtag in einer Videobeschreibung antippen und Suchergebnisse finden

Verlaufsliste

TikTok speichert automatisch eine Verlaufsliste aller in den letzten sieben Tagen angezeigten Videos. Diese Liste ist nur leider in der App schwer zu finden.

1. Tippen Sie unten rechts auf das Symbol *Profil*, um Ihr Profil anzuzeigen.

2. Tippen Sie oben rechts auf das Menüsymbol mit den drei Strichen und wählen Sie im Menü *Einstellungen und Datenschutz*.
3. Wählen Sie auf dem nächsten Bildschirm *Kommentar- und Aufrufverlauf* und danach *Aufrufverlauf*.
4. Jetzt sehen Sie die zuletzt betrachteten Videos.

Die Verlaufsliste in TikTok

Durch längeres Antippen eines Videos in der Verlaufsliste lässt sich dieses aus der Verlaufsliste löschen.

Uninteressante und schlechte Videos entfernen

Uninteressante und schlechte Videos, die Sie sich nur versehentlich angesehen haben, sollten regelmäßig aus der Verlaufsliste entfernt werden, da TikTok seine Vorschläge unter anderem aufgrund der Verlaufsliste heraussucht. So können Sie die Wahrscheinlichkeit verringern, noch mehr Videos zu diesen – für Sie persönlich – uninteressanten Themen vorgeschlagen zu bekommen.

Lautstärke regeln

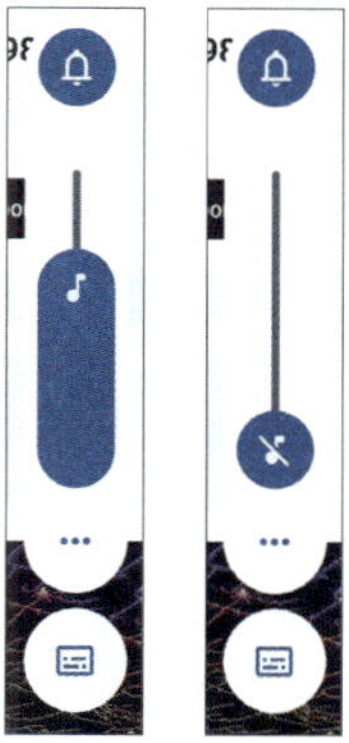

Die Lautstärke lässt sich über die Lautstärketasten des Smartphones regeln. Auch wenn der Modus *Bitte nicht stören* des Smartphones aktiviert ist, werden Videos mit Ton abgespielt. Dieser Modus bezieht sich nur auf Klingeltöne sowie Benachrichtigungen. Um ein Video stumm ablaufen zu lassen, weil es zum Beispiel nervtötende Hintergrundmusik enthält, aber keine akustische Information, drücken Sie auf eine Lautstärketaste und tippen danach auf das Notensymbol. Damit wird der Ton von Videos unabhängig von Benachrichtigungstönen ausgeschaltet. Diese werden über das Glockensymbol oberhalb des Lautstärkereglers gesteuert.

+++ SO GEHT ES AUF DEM PC +++

Auf dem PC können Sie die Lautstärke über das Lautsprechersymbol in der Taskleiste oder mit speziellen Tasten auf Multimedia-Tastaturen regeln. Zusätzlich hat TikTok noch einen eigenen Lautstärkeregler rechts unten im Video, der die Lautstärke unabhängig von der eingestellten Systemlautstärke festlegt.

Ein Klick auf den Lautsprecher oder die Taste [M] schaltet das Video stumm, ohne den ganzen PC stummzuschalten. So können Sie zum Beispiel ein Videotelefonat erledigen und nebenbei ohne Ton ein Video ansehen.

3. Liken, Teilen, Kommentieren

TikTok ist nicht nur eine Videoplattform, sondern auch ein soziales Netzwerk. Im Gegensatz zum Fernsehen, wo die Zuschauer als anonyme, passive Konsumenten auftreten, lebt TikTok von der Interaktion der Nutzer über Kommentare und Chats. Aber auch für weniger sozial veranlagte Nutzer bietet TikTok Möglichkeiten, persönliche Listen anzulegen, Videos zu teilen oder sich zu merken, um sie später abzuspielen.

Eigenes Profil anlegen

Im eigenen Profil tragen Sie alles ein, was Freunde, Follower und auch die Öffentlichkeit auf TikTok von Ihnen wissen sollen. Neben dem Profilbild sind das der Name, Links auf Konten in anderen sozialen Netzwerken und einiges mehr.

Profilbild festlegen

Das Profilbild ist der erste Eindruck, den andere von Ihnen auf TikTok bekommen. Wählen Sie ein aussagekräftiges Profilbild, das nicht zu leicht zu verwechseln ist. Ändern Sie das Profilbild nicht zu oft, um Ihre Follower nicht zu verwirren und den Wiedererkennungswert zu erhalten.

Ein neu angelegtes TikTok-Konto hat zunächst kein Profilbild. Wurde das TikTok-Konto über eine Anmeldung mit Google oder Facebook erstellt, wird das Profilbild aus diesem Konto übernommen.

So legen Sie ein neues Profilbild fest oder ändern später ein vorhandenes:

1. Tippen Sie unten rechts auf *Profil* und dann auf *Profil bearbeiten*.

2. Tippen Sie anschließend auf *Foto ändern*.
3. Jetzt können Sie direkt mit der Kamera ein neues Profilbild aufnehmen oder ein Bild aus der Galerie als Profilbild auswählen.

4. Wählen Sie einen kreisförmigen Ausschnitt auf dem neuen Profilbild. Jetzt können Sie dieses auch gleich noch als Story veröffentlichen und haben damit Ihr erstes ganz einfaches TikTok-Video erstellt. Schalten Sie dazu das Häkchen *Dieses Foto als Story veröffentlichen* ein.
5. Lassen Sie sich eine Vorschau der Story anzeigen, bevor Sie sie veröffentlichen. Zusätzlich zum Profilbild werden automatisch ein Text und Sticker eingebaut, die Sie jetzt noch verschieben oder entfernen können. Veröffentlichen Sie anschließend die Story. Damit weisen Sie Ihre Follower auffällig darauf hin, dass Sie ein neues Profilbild haben. Häufig wechselnde Profilbilder können allerdings schnell zur Verwirrung beitragen.

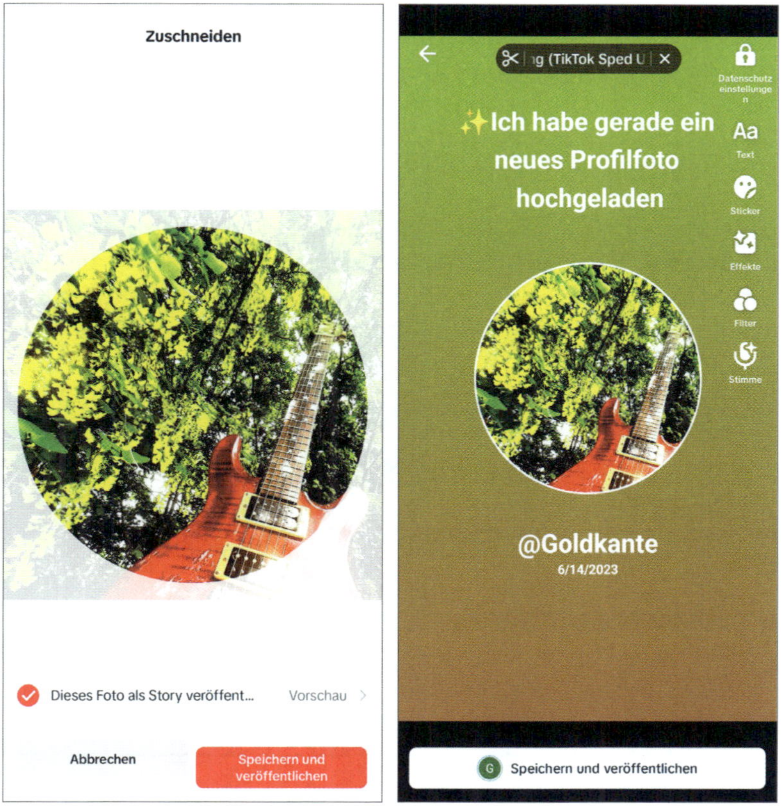

Profilbild in TikTok als Story veröffentlichen

Beachten Sie, dass Profilbilder in den meisten Ansichten kreisförmig zugeschnitten werden, in den Ecken also keine wichtigen Informationen enthalten sollten. Weiterhin müssen Profilbilder eine Mindestgröße von 20 x 20 Pixeln haben.

Profilvideos

Statt eines Profilbildes können Sie bei TikTok auch ein Video in Ihr Profil hochladen. An vielen Stellen wird aber nur ein Vorschaubild dieses Videos angezeigt.

Namen ändern

Jedes TikTok-Konto hat neben dem Anmeldenamen noch einen Namen im Klartext, in manchen Versionen der App auch als Spitzname bezeichnet. Dieser Name wird bei den Freunden und in Listen angezeigt. Sie können ihn jederzeit auf der Seite *Profil bearbeiten* ändern.

Der Name kann einmal alle sieben Tage geändert werden und muss den Community-Richtlinien entsprechen, darf also keine gesperrten Begriffe enthalten. Um Ihre Follower nicht zu verwirren, sollten Sie den Namen möglichst selten oder gar nicht ändern.

Der Anmeldename

Auch der Anmeldename kann geändert werden. Damit ändert sich auch der persönliche Link. Da hier eine Änderung so gut wie nie nötig ist und im Wesentlichen nur Verwirrung stiftet, ist sie auch nur einmal alle 30 Tage möglich.

Achtung

Bei verifizierten Benutzerkonten geht durch die Änderung des Anmeldenamens die Verifizierung verloren.

YouTube und Instagram zum eigenen Profil hinzufügen

Ganz unten auf der Seite *Profil bearbeiten* können Sie Links zu Ihren YouTube- und Instagram-Profilen hinzufügen. Tippen Sie auf eine dieser Zeilen und melden Sie sich anschließend mit einem auf dem Smartphone installierten Google- oder Instagram-Konto an. Der Link zum angemeldeten Profil auf diesen Netzwerken wird automatisch im Profil eingetragen.

Videos in Sammlungen merken

Haben Sie beim Blättern auf TikTok ein Video entdeckt, das Sie gern später noch einmal ansehen möchten, können Sie es in eine Sammlung aufnehmen, um es später leicht wiederzufinden.

Zusätzlich werden Creatoren benachrichtigt, wenn jemand ihre Videos als Favoriten speichert. Das Favoritensymbol zeigt an, wie oft ein Video bereits als Favorit gespeichert wurde.

1. Tippen Sie, während das Video läuft, auf das Symbol *Favoriten*. Das Video wird sofort als Favorit gespeichert.
2. Am unteren Bildschirmrand erscheint eine Meldung, dass das Video als Favorit gesichert wurde. Tippen Sie hier auf *Verwalten*, um es einer Sammlung hinzuzufügen.

Video wurde zu den Favoriten hinzugefügt

3. Sammlungen können nach Themen angelegt werden. Solange Sie noch keine Sammlung haben, werden Sie direkt aufgefordert, der neuen Sammlung einen Namen zu geben. Das Video wird in dieser Sammlung gespeichert.

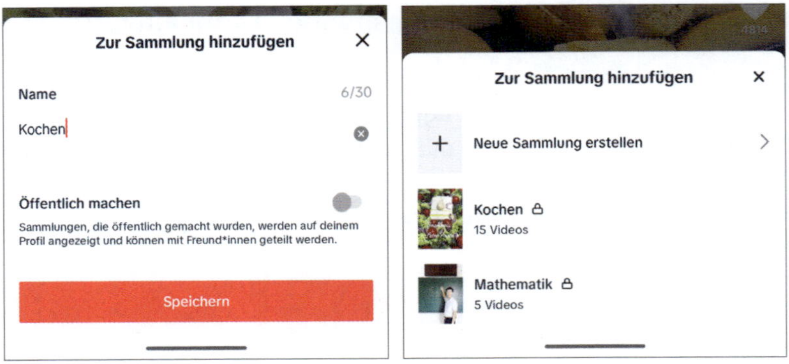

Video zu einer Sammlung hinzufügen

4. Nachdem die erste Sammlung angelegt wurde, zeigt der Bildschirm *Zur Sammlung hinzufügen* alle eigenen Sammlungen sowie eine Zeile, um eine neue Sammlung anzulegen und das Video dort zu speichern.
5. Alle Ihre Sammlungen finden Sie in Ihrem Profil. Tippen Sie dort auf das Favoritensymbol und dann auf *Sammlungen*. Hier können Sie auch neue Sammlungen erstellen.

6. Jede Sammlung zeigt einen Übersichtsbildschirm mit allen in der Sammlung gespeicherten Videos.
7. Tippen Sie auf *Videos verwalten*, können Sie Videos markieren und aus der Sammlung entfernen oder in andere Sammlungen verschieben. Mit dem Button *Videos hinzufügen* können Sie Videos, die als Favoriten gespeichert wurden, aber in keiner Sammlung sind, der aktuellen Sammlung hinzufügen.

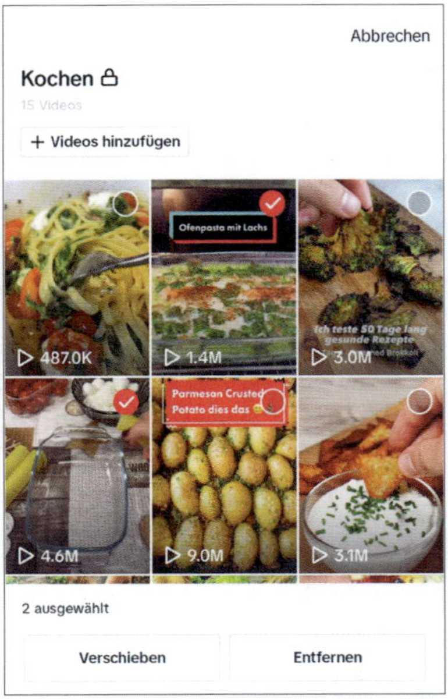

Videos verwalten

8. Bei Videos, die als Favoriten gespeichert sind, erscheint das Favoritensymbol in Gelb. Um einen Favoriten wieder zu entfernen, tippen Sie auf dieses gelbe Symbol. Das gilt auch für Videos in Sammlungen.

> **Anzeigen**
> Videos, die als Anzeigen gekennzeichnet sind, können nicht als Favoriten gespeichert werden.

Sammlungen als Playlisten nutzen

TikTok erlaubt es nur Creatoren, Wiedergabelisten anzulegen. Nutzer haben diese Möglichkeit nur indirekt. Speichern Sie Videos, die Sie nacheinander anzeigen möchten, in einer Sammlung. Tippen Sie auf ein Video, um es abzuspielen. Jetzt brauchen Sie nur noch senkrecht über den Bildschirm zu wischen. Sie bekommen keine zufälligen Videos mehr vorgeschlagen, sondern sehen nacheinander die Videos aus der Sammlung.

Videos liken

Wie bei jedem sozialen Netzwerk kann jeder, dem ein Video auf TikTok gefällt, das mit einem einfachen Fingertipp öffentlich kundtun. Tippen Sie dazu auf das Herzsymbol neben dem Bild. Es erscheint bei Bildern, die Sie gelikt haben, in Rot. Noch einfacher tippen Sie einfach zweimal kurz hintereinander mitten in das Video. Auch damit erscheint das Herz in Rot.

Die Symbole in den Videos zeigen die Zahl der Likes in Echtzeit. Zusätzlich werden Creatoren benachrichtigt, wenn jemand ihre Videos likt.

> **Liken als deutsches Wort**
> Der Duden hat das Verb *liken* offiziell in den deutschen Wortschatz aufgenommen. Dort ist es so definiert: *[in einem sozialen Netzwerk] im Internet eine Schaltfläche anklicken, um eine positive Bewertung abzugeben.*

Alle Ihre gelikten Videos finden Sie auf dem Profil. Tippen Sie dort auf das Herzsymbol.

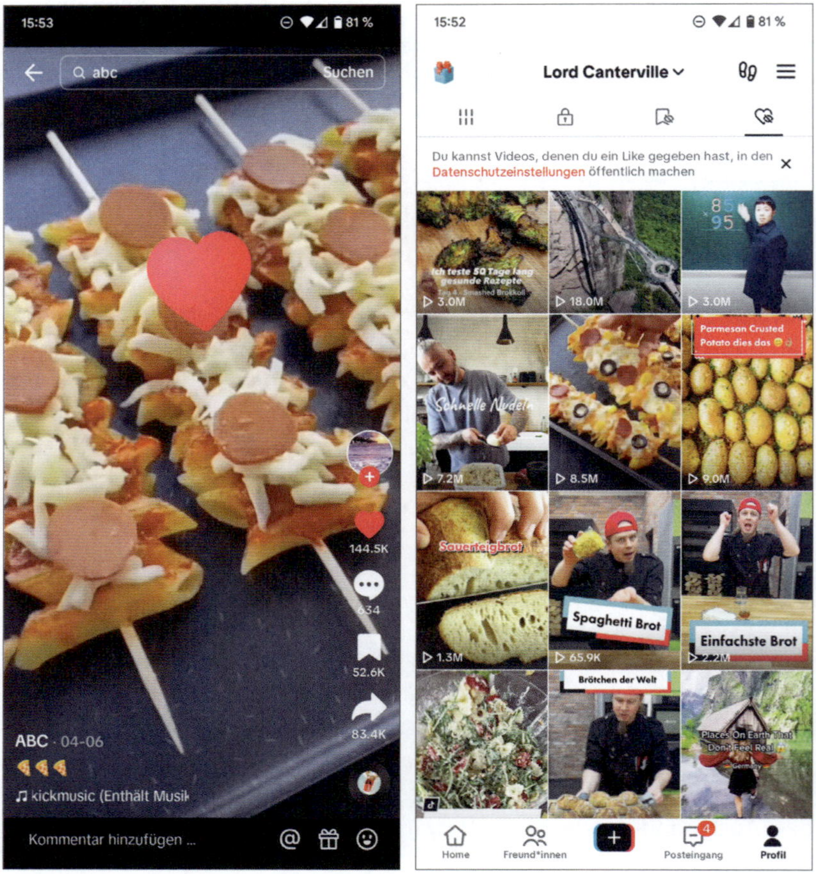

Links: Video per Doppeltipp liken, rechts: gelikte Videos im Profil

Videos, die nicht gefallen

Sollte Ihnen ein Beitrag später nicht mehr gefallen, tippen Sie noch einmal auf das Herz, um den Like zurückzunehmen. Im Gegensatz zu YouTube kennt TikTok kein Dislike, also den Daumen nach unten, um seinen Unmut über ein Video oder die dort verbreitete Meinung deutlich kundzutun.

TikTok schlägt anhand der betrachteten Videos immer neue Videos vor. Haben Sie ein Video gesehen, das Ihnen so gar nicht gefällt, und möchten Sie ähnliche Videos in Zukunft nicht mehr sehen und verhindern, dass TikTok anhand dieses Videos ähnliche Vorschläge macht, tippen Sie auf das *Teilen*-Symbol oder länger in das Video. Auf beiden Symbolpaletten erscheint das Symbol *Nicht interessiert*. Tippen Sie darauf, damit TikTok in Zukunft weniger Videos dieser Art anzeigt.

Einem Profil folgen

Wie auf Facebook und anderen sozialen Netzwerken können Sie auch auf TikTok bestimmten Kanälen, auch als Profile bezeichnet, folgen und sehen so leichter deren neuste Videos.

In der Symbolleiste rechts in einem Video erscheint ganz oben das Profilbild des Kanals. Tippen Sie auf das Profilbild, um die Videos, Playlists und weiteren Inhalte dieses Kanals zu sehen. In dieser Ansicht können Sie dem Kanal folgen.

Auf der Seite *Folge ich* in der App sehen Sie die neusten Videos aller abonnierten Kanäle.

Tippen Sie auf Ihrer eigenen Profilseite auf *Folge ich*, finden Sie alle Profile, denen Sie folgen. Tippen Sie hier auf ein Profil, um eine Übersicht aller Videos dieses Profils zu sehen.

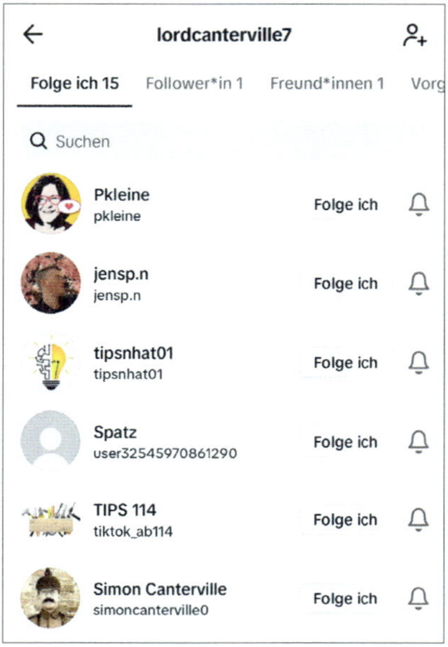

Alle Kanäle, denen man folgt

> **Follower oder Freunde**
>
> In vielen sozialen Netzwerken werden diese Begriffe gleichwertig verwendet. TikTok bezeichnet als **Freunde** nur die **Follower**, denen Sie ebenfalls folgen.

Benachrichtigungen

TikTok zeigt im Bereich *Posteingang* die letzten Benachrichtigungen alle noch einmal an. Die Zahl am *Posteingang*-Symbol zeigt die Anzahl ungelesener Benachrichtigungen.

Von hier aus können Sie die jeweiligen Inhalte der Benachrichtigungen abrufen. Das funktioniert auch, wenn Sie die *Systembenachrichtigungen* ausgeschaltet haben und TikTok Sie bei neuen Ereignissen nicht unterbrechen soll.

Bei welchen Ereignissen TikTok benachrichtigen soll, legen Sie in den Einstellungen der TikTok-App unter *Benachrichtigungen/In-App-Benachrichtigungen* fest. Hier können Sie sich benachrichtigen lassen, wenn einer der Kanäle, denen Sie folgen, ein neues Video veröffentlicht hat. Möchten Sie *Systembenachrichtigungen* außerhalb der TikTok-App nutzen, müssen Sie diese erst einmal aktivieren.

> **TikTok-Einstellungen**
>
> Die Einstellungen von TikTok erreichen Sie, indem Sie auf der Seite *Profil* oben rechts auf das Menü mit den drei Strichen tippen und im Menü auf *Einstellungen und Datenschutz* tippen.

Wenn Ihnen die Benachrichtigungen von TikTok lästig werden, können Sie sie in den Android-Systemeinstellungen ganz leicht alle auf einmal abschalten. Wählen Sie hier *Benachrichtigungen/App-Einstellungen* und deaktivieren Sie den Schalter bei *TikTok*.

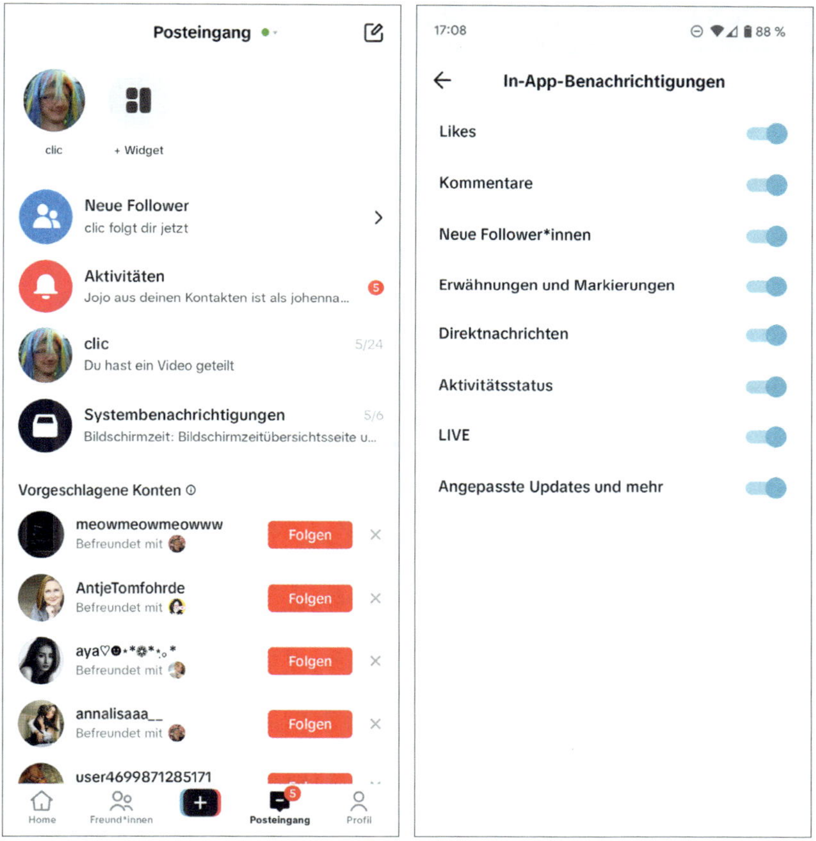

Benachrichtigungen innerhalb der TikTok-App

+++ SO GEHT ES AUF DEM PC +++

In der TikTok-App auf dem PC zeigen die Symbole neben dem Profilbild oben rechts die Anzahl neuer Nachrichten anderer Nutzer sowie Benachrichtigungen vom System an. Ein Klick darauf zeigt eine Liste dieser Nachrichten oder Benachrichtigungen.

Wird TikTok im Webbrowser auf dem PC verwendet, sendet es auch Benachrichtigungen über diesen. Vor der ersten Benachrichtigung müssen Sie Benachrichtigungen von TikTok grundsätzlich zulassen oder ablehnen können. Diese Einstellung können Sie jederzeit nachträglich ändern.

Im **Chrome**-Browser finden Sie die Einstellung, ob der Browser Systembenachrichtigungen von Windows nutzen darf, mit einem Klick auf das Schloss-Symbol links in der Adressleiste. Aktivieren Sie hier den Schalter *Benachrichtigungen*.

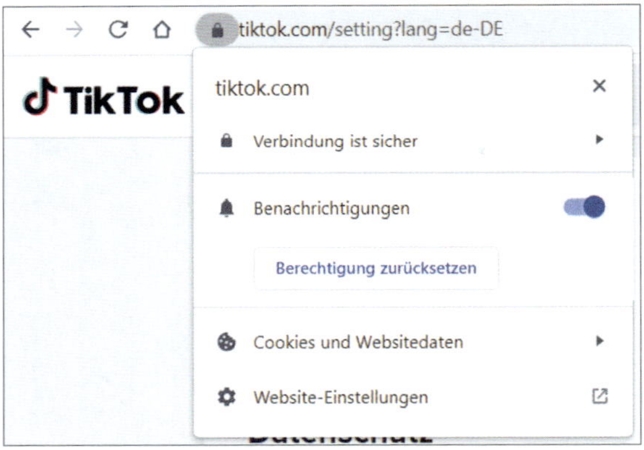

Im **Edge**-Browser klicken Sie ebenfalls auf das Schloss-Symbol ganz links in der Adressleiste und wählen dann unter *Benachrichtigungen* die Option *Zulassen*.

Firefox zeigt oben links in der Adressleiste an, welche Berechtigungen blockiert wurden. Klicken Sie darauf, können Sie die Berechtigung für Benachrichtigungen gewähren, indem Sie den Schalter *Blockiert* deaktivieren.

Die TikTok-App auf dem PC enthält in den *Einstellungen* den Schalter *Desktop-Benachrichtigungen*. Seit einem Update des Edge-Browsers in Windows 10 und 11 kann dieser Schalter aus der App heraus nicht mehr bedient werden. Die TikTok-App auf dem PC übernimmt immer die Einstellungen aus dem Edge-Browser. Wenn Sie TikTok in der Windows-App auf dem PC nutzen, öffnen Sie einmal tiktok.com im Edge-Browser, um die Benachrichtigungen zu aktivieren.

In den Einstellungen der TikTok-Windows-App unter *Push-Benachrichtigungen/Interaktionen* legen Sie fest, bei welchen Ereignissen TikTok benachrichtigen soll. Diese Einstellungen werden auf andere Geräte synchronisiert. Sie können diese Einstellungen auch in der Smartphone-App vornehmen.

TikTok-Empfehlungen

TikTok empfiehlt im Bereich *Für dich* auf der Startseite der App Videos – basierend auf den zuletzt bis zum Ende angesehenen Videos, den gelikten und den gefolgten Kanälen. Im Gegensatz dazu erscheinen im Bereich *Folge ich* nur Videos von Kanälen, denen Sie folgen. Diese Vorschläge lassen sich innerhalb bestimmter Grenzen beeinflussen. Möchten Sie zu bestimmten Themen weniger Videos sehen, haben Sie Möglichkeiten, diese einzuschränken.

- Tippen Sie länger auf das laufende Video und dann auf das Symbol *Nicht interessiert*, um dieses und ähnliche Videos für die Empfehlungen nicht mehr zu berücksichtigen.

Video für Empfehlungen nicht berücksichtigen

- Tippen Sie in der unten angezeigten Meldung auf *Einzelheiten*, können Sie bestimmte Hashtags filtern, die in diesem Video angegeben sind. Wählen Sie einzelne oder alle der angezeigten Hashtags aus. Videos mit diesen Hashtags werden in Zukunft nicht mehr vorgeschlagen.

- Unter *Einstellungen und Datenschutz/Inhaltspräferenzen/Videostichwörter filtern* finden Sie alle gefilterten Hashtags und können diese Filter löschen, um Videos mit diesen Hashtags wieder vorschlagen zu lassen.
- Entfernen Sie Videos mit unerwünschten Themen aus der Verlaufsliste. Wählen Sie dazu *Einstellungen und Datenschutz/Kommentar- und Aufrufverlauf/Aufrufverlauf*, tippen Sie oben rechts auf *Auswählen*, wählen Sie die Videos, die aus dem Verlauf gelöscht werden sollen, und tippen Sie dann unten auf *Löschen*.
- Entfernen Sie Likes von Videos, von denen Sie nicht möchten, dass die Inhalte für Empfehlungen berücksichtigt werden. Alle gelikten Videos finden Sie auf Ihrer Profilseite über das Register mit dem Herzsymbol. Öffnen Sie ein Video und tippen Sie auf das Herzsymbol im Video, um den Like zurückzunehmen.

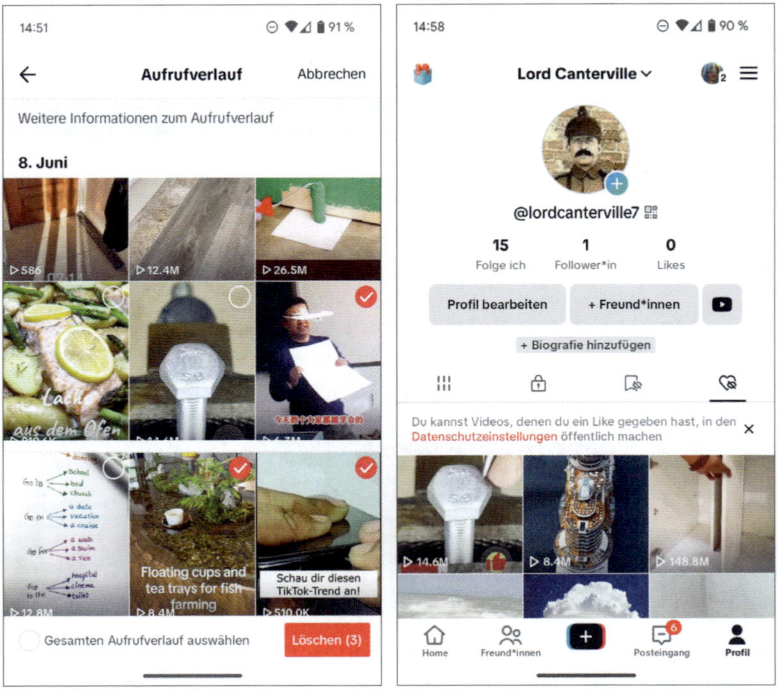

Links: Videos aus Aufrufverlauf löschen, rechts: Übersicht gelikter Videos

Videos teilen

TikTok lebt wie jedes soziale Netzwerk davon, Links auf Videos mit Freunden zu teilen und die Videos so populär zu machen. Dabei ist neben der Kommunikation unter den aktiven Nutzern innerhalb des Netzwerks auch die Weitergabe der Links über andere Wege wichtig.

1. Möchten Sie ein Video, das Sie auf TikTok gesehen haben, mit Freunden innerhalb von TikTok teilen, tippen Sie im Video auf das Symbol *Teilen*. Hier erscheint eine Liste von Freunden, mit denen ein Link auf das Video geteilt werden kann.
2. Im nächsten Schritt können Sie eine kurze Nachricht an den Empfänger schreiben.
3. Der Empfänger erhält im Posteingang der TikTok-App eine Nachricht mit einem Vorschaubild des geteilten Videos. Wenn die Systembenachrichtigungen aktiviert sind, erscheint auf dem Smartphone eine Benachrichtigung, auch ohne die TikTok-App zu öffnen. Tippen Sie darauf, um das Video in TikTok anzuzeigen.

Videos in WhatsApp oder anderen Apps teilen

Natürlich lassen sich Links auf TikTok-Videos auch auf anderen Wegen – zum Beispiel über WhatsApp, Messenger oder E-Mail – teilen. Dabei bekommt der Empfänger einen Link, der automatisch in der TikTok-App geöffnet wird, falls diese auf dem empfangenden Gerät installiert ist. Ist das nicht der Fall, öffnet sich TikTok im Browser.

Einfach ein paar Suchbegriffe weiterzugeben, wie es viele gern tun, führt nicht unbedingt zum richtigen Video, da TikTok die Suchergebnisse anhand der angesehenen Videos und Abos personalisiert. Teilen Sie besser direkte Links.

1. Tippen Sie im Video auf das Symbol *Teilen*. Im unteren Bildschirmbereich erscheint eine Liste von Apps, mit denen ein Link auf das Video geteilt werden kann.
2. Wählen Sie die gewünschte App aus, dann wird der Link automatisch dort eingefügt, um ihn weiterzuleiten.

3. Das Symbol *Link kopieren* kopiert den Link auf das Video in die Zwischenablage, um ihn in beliebigen Apps weiterverwenden zu können.
4. Das Symbol *E-Mail* lädt das Video herunter, um es als Anhang per Mail oder über Cloud-Speicherdienste zu teilen, ohne dass der Empfänger TikTok öffnen muss.
5. Um den Link auf ein Video per E-Mail zu versenden, nutzen Sie das Symbol *Mehr* in der Liste der Apps zum Teilen.

Beim Weiterleiten eines TikTok-Videos in WhatsApp werden automatisch zusätzlich zum Link der Titel und ein Vorschaubild in den WhatsApp-Chat übernommen.

+++ SO GEHT ES AUF DEM PC +++

Ein Klick auf das *Teilen*-Symbol neben einem Video auf der *Für dich*-Seite zeigt verschiedene Symbole, um den Link auf das Video zu kopieren und in bekannten sozialen Netzwerken oder auch per E-Mail zu teilen. In der Großansicht eines Videos erscheinen rechts *Teilen*-Symbole für verschiedene Apps.

Das Symbol *Einbetten* generiert einen HTML-Code, mit dem Sie das Video in eigene Webseiten einbinden können. Besucher sehen es dann, ohne die TikTok-Seite öffnen zu müssen.

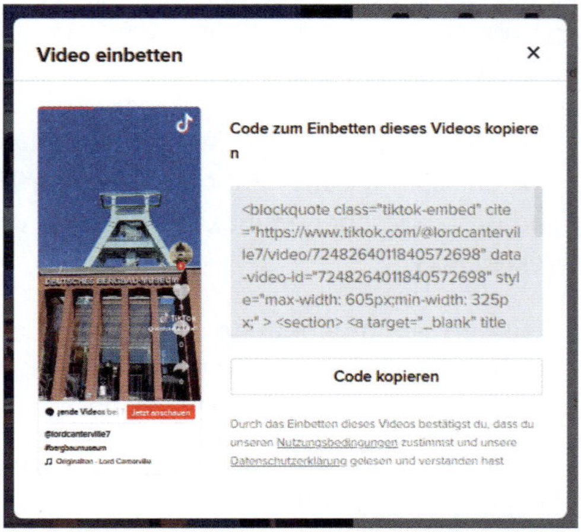

> **Video-ID in TikTok**
>
> Jedes Video hat eine eindeutige ID, die aus 19 Ziffern besteht. Diese ID reicht in TikTok im Gegensatz zu YouTube nicht aus, um auf ein Video zu verweisen. Auch eine Eingabe der ID im Suchfeld von TikTok funktioniert nicht.
>
> Allerdings können Sie das Stichwort *TikTok video* gefolgt von der ID in das Suchfeld bei Google eingeben und kommen dann sofort zum entsprechenden Video auf TikTok.

Videos per TikCode teilen

Möchten Sie schnell ein eigenes Video mit Unbekannten in der Nähe teilen, ohne erst Kontaktdaten für einen Online-Linkversand austauschen zu müssen, erstellen Sie einen sogenannten **TikCode**, den andere Personen mit dem Smartphone einfach scannen können.

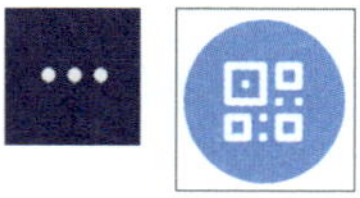

1. Tippen Sie im Video auf das Symbol mit den drei Punkten. Wählen Sie *TikCode* in der Liste der Apps.
2. Jetzt wird ein kreisförmiger Code erzeugt, über den Sie Ihr Video mit anderen teilen können.

3. Die typischen QR-Code-Scanner-Apps erkennen TikCodes nicht. Um den TikCode auf einem anderen Smartphone zu scannen, tippen Sie auf das Menü auf der eigenen Profilseite, wählen *Mein QR-Code* und tippen dann auf das Scanner-Symbol rechts oben.
4. Halten Sie jetzt die Kamera auf den TikCode. Sie werden direkt zum Video weitergeleitet.

TikCodes eignen sich auch zur Veröffentlichung auf gedruckten Online-Werbematerialien, Visitenkarten oder Plakaten. Tippen Sie unten auf das Symbol *QR-Code speichern*, um den TikCode – der kein QR-Code ist – als Grafik auf dem Smartphone zu sichern, um ihn später in eigene Dokumente einzubauen.

TikCode auf einem Smartphone anzeigen und mit einem anderen scannen

Videos herunterladen und teilen

Eigene Videos können Sie von TikTok herunterladen, um sie offline abzuspielen oder auch als Datei weiterzugeben. Allerdings baut TikTok hier immer ein Logo als Wasserzeichen ein. Videos anderer Nutzer lassen sich auf diesem Weg nicht herunterladen. Wie Sie mit Zusatz-Apps auch andere Videos herunterladen, erfahren Sie in Kapitel 8 im Abschnitt »Videos ohne Wasserzeichen herunterladen«.

1. Tippen Sie im Video auf das Symbol mit den drei Punkten. Wählen Sie *Video speichern*.

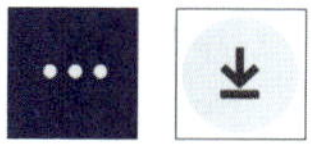

2. Das Video wird auf dem Smartphone gespeichert. Jetzt können Sie es direkt aus der angezeigten Symbolpalette per E-Mail-Anhang, Messenger oder mit anderen Apps versenden.

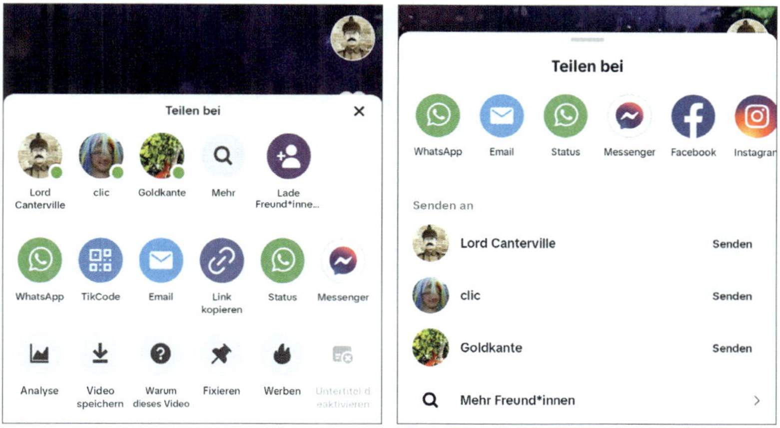

Video herunterladen und als Datei weitergeben

> **Achtung: Dateigröße**
> Beachten Sie die teilweise erheblichen Dateigrößen. Heruntergeladene TikTok-Videos können mehrere Zig bis Hunderte Megabyte groß sein, sind also für den Versand per E-Mail in der Regel nicht geeignet. Denken Sie auch daran, dass beim Absender und beim Empfänger im Mobilfunknetz Datenvolumen verbraucht wird – ein Vielfaches von dem, was ein Link auf TikTok verbraucht.

Kommentare posten

Ein Kommentar kann eine noch bessere und auch persönlichere Wertschätzung eines Videos sein als ein einfacher Like. Als TikToker freut man sich natürlich besonders über Kommentare. Bei manchen Videos kann sich so eine regelrechte Diskussion mit Tausenden von Kommentaren entwickeln.

1. Das Kommentarsymbol zeigt bei jedem Video die Anzahl der Kommentare an. Tippen Sie darauf, öffnet sich das Kommentarfeld und Sie können die Kommentare lesen.
2. Bei jedem Kommentar finden Sie ein Herzsymbol und einen Daumen nach unten. Hier können Sie einzelne Kommentare liken oder disliken.
3. Tippen Sie auf das Feld *Kommentar hinzufügen*. Jetzt können Sie einen eigenen Kommentar schreiben. Dazu öffnet sich die Bildschirmtastatur.

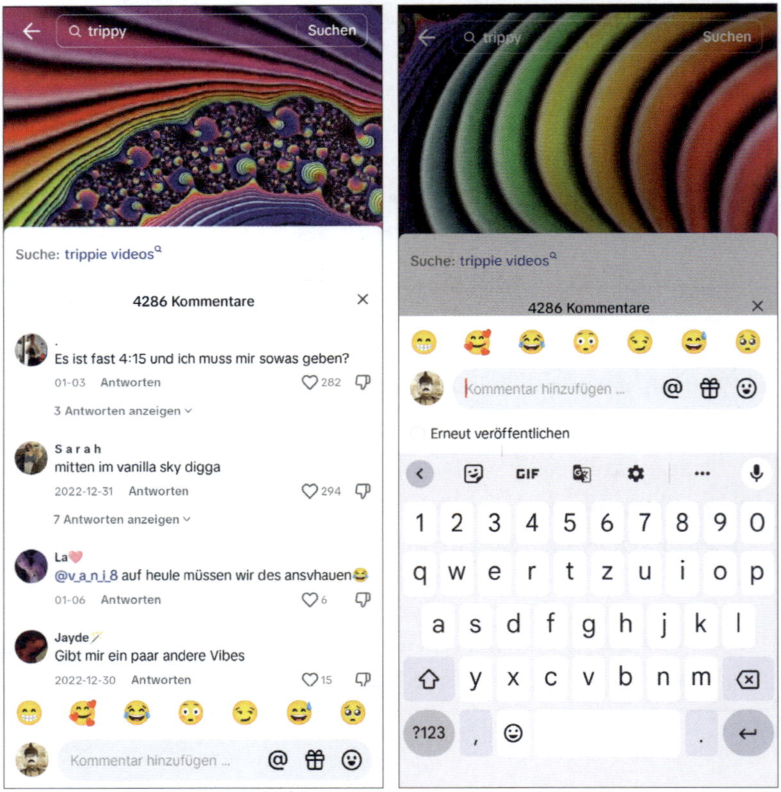

Kommentare lesen und schreiben

4. Tippen Sie den Text auf der Bildschirmtastatur und schicken Sie ihn mit dem roten Pfeilsymbol ab. In Bruchteilen von Sekunden erscheint der Kommentar öffentlich unter dem Video.

5. Um bei vielen Kommentaren den Überblick zu behalten, können Sie auf einzelne Kommentare gezielt antworten. Tippen Sie dazu auf das Symbol *Antworten* unter einem Kommentar. Hier können Sie öffentlich auf einen Kommentar antworten.

Wortvorschläge

Oberhalb der Tastatur werden beim Tippen Wortvorschläge gemacht, die Sie antippen und damit übernehmen können. Hat man sich an diese Vorschläge einmal gewöhnt, schreibt es sich deutlich schneller, da längst nicht mehr jedes Wort vollständig eingegeben werden muss und auch Rechtschreibfehler leichter vermieden werden.

Diese Vorschläge richten sich nach den eingegebenen Buchstaben oder versuchen, am Wortanfang anhand des zuletzt geschriebenen Wortes passende Wörter vorzuschlagen. In einigen Fällen werden auch Emojis passend zum eingegebenen Text vorgeschlagen.

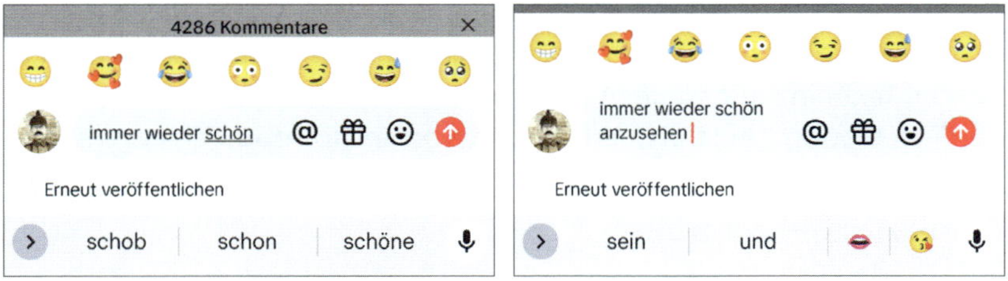

Wortvorschläge beim Schreiben eines Kommentars

Text kopieren und einfügen

Texte aus E-Mails, Dokumenten, Webseiten oder anderen Apps lassen sich leicht in einen Kommentar oder eine Videobeschreibung kopieren.

Die Zwischenablage in Android steht in diversen unterstützten Apps zur Verfügung. Markieren Sie ein Wort oder einen Textbereich durch Antippen, können Sie ihn direkt in die Zwischenablage kopieren. Ziehen Sie an einem der Griffe, können Sie die Markierung auf einen größeren Textbereich ausdehnen.

Über das Menü mit den drei Punkten rechts in der Symbolleiste können Sie in einigen Apps den kompletten Text auswählen. Videobeschreibungen aus TikTok können auf diese Weise nicht kopiert werden.

Kopierten Text aus einer anderen App in einen Kommentar einfügen

Haben Sie gerade einen Text kopiert und wechseln dann in das Kommentarfeld bei TikTok, erscheinen in unterstützten Tastatur-Apps die ersten Wörter des kopierten Textes auf einer Schaltfläche. Tippen Sie darauf, um den kopierten Text komplett einzufügen.

Halten Sie in TikTok den Finger etwas länger auf dem Eingabefeld für einen Kommentar, erscheint das Symbol *Einfügen*. Tippen Sie darauf, um den kopierten Text einzufügen. Jetzt können Sie im Kommentarfeld noch durch den Text blättern und ihn bearbeiten, bevor Sie ihn endgültig abschicken.

Emojis in Kommentaren

Emojis sind kleine Bildchen zur Darstellung von Stimmungs- und Gefühlszuständen in der schriftlichen Kommunikation. Ursprünglich waren das reine ASCII-Zeichen, etwa :-) für ein lächelndes Gesicht, auch als Smiley bezeichnet.

TikTok zeigt oberhalb des Kommentarfeldes eine Leiste mit beliebten Emojis an, die direkt in den Kommentar eingefügt werden können. Das Emoji-Symbol rechts im Kommentarfeld zeigt eine weitere Emoji-Palette.

Eine wesentlich größere Auswahl bietet die Android-Standardtastatur. Hier können zahlreiche Emojis über das Gesichtssymbol links unten neben der Leertaste auf der Tastatur ausgewählt werden. Das ABC-Symbol an der gleichen Stelle blendet wieder die Tastatur ein.

Welche Emojis sind die beliebtesten?

Die Seite emojitracker.com zeigt in Echtzeit die Verwendung von Emojis auf Twitter. Bei TikTok, YouTube, Facebook, Instagram und anderen Netzwerken dürfte die Verteilung ähnlich sein. Das Tränen lachende Smiley liegt mit großem Abstand vor dem roten Herz ganz vorn in der Beliebtheitsskala.

Die Emojis sind nach Kategorien geordnet. Über eine senkrechte Wischbewegung in der neuen Version der GBoard-Tastatur, die bei Android 13 mitgeliefert wird, oder durch horizontales Wischen in früheren Versionen oder anderen Bildschirmtastaturen tauchen weitere Emojis auf. Bei den meisten menschlichen Figuren und Handgesten, die unten rechts mit einem kleinen Dreieck gekennzeichnet sind, lassen sich durch längeres Antippen die Hautfarbe und das Geschlecht wählen.

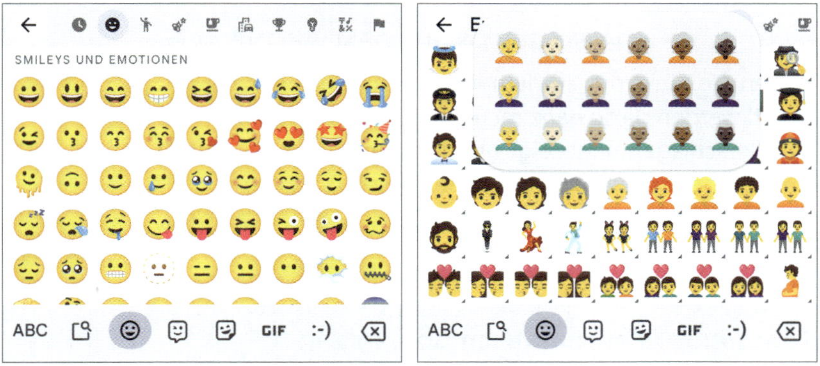

Links: Typische Smileys, rechts: Personen und Berufe mit Auswahl von Geschlecht und Hautfarbe

In der privaten Korrespondenz durchaus sinnvoll und lustig, sollten Emojis im offiziellen Schriftverkehr nur sparsam eingesetzt werden. Emojis sollte man nur verwenden, wenn man sicher ist, dass der Empfänger darunter das Gleiche versteht – eventuell auch in einer anderen Sprache. Gleiche Emojis werden auf unterschiedlichen Systemplattformen grafisch unterschiedlich dargestellt.

Emojis suchen

Bei der Vielfalt der Emojis wird es immer schwieriger, das passende zu finden. Daher bietet Android die Möglichkeit, Emojis zu suchen. Geben Sie dazu im Suchfeld oberhalb der Emoji-Tastatur einen Suchbegriff ein. Passende Emojis werden vorgeschlagen.

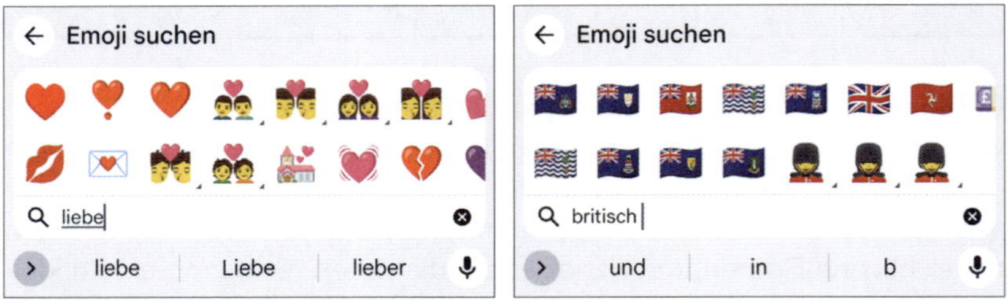

Besonders nützlich ist die Emoji-Suche bei Landesflaggen, die man nicht auswendig kennt

+++ SO GEHT'S AUF DEM IPHONE +++

Tippen Sie ein Wort, zu dem iOS Emojis kennt, werden diese ganz rechts bei den Wortvorschlägen angezeigt und können direkt angetippt und übernommen werden.

Kommentare automatisch übersetzen

Die Kommentare unter den meisten Videos sind in der Sprache verfasst, in der auch der Text des Videos gesprochen wird, da man davon ausgeht, dass der TikToker, der das Video veröffentlicht hat, diese Sprache verstehen kann. Möchten Sie einen Kommentar in einer Ihnen nicht vertrauten Sprache schreiben oder beantworten, können Sie eigene Texte vor dem Absenden automatisch mit Google Translate übersetzen lassen.

1. Tippen Sie auf das Pfeilsymbol oben links über der Tastatur und blenden Sie die Symbolleiste ein.

2. Tippen Sie auf das Symbol *Übersetzen*.
3. Wählen Sie dann die Ausgangs- und Zielsprache und geben Sie einen Text ein. Der erscheint in der Textzeile oberhalb der Tastatur. Im Kommentarfeld wird direkt die Übersetzung eingetragen.

Qualität der Übersetzung

Zur Veröffentlichung fremdsprachiger Texte ist der Google Übersetzer wie jede andere Art automatischer Übersetzung völlig ungeeignet. Besonders bei Sprachen, bei denen man nicht den leisesten Hauch einer Ahnung hat, was ein Text bedeutet, kann eine automatische Übersetzung aber durchaus hilfreich sein. Besonders bei längeren Kommentaren sollte man seine Leser darauf hinweisen, dass die Texte automatisch übersetzt wurden.

+++ SO GEHT'S AUF DEM IPHONE +++

Um den Google Übersetzer auf dem iPhone zu nutzen, bietet Google seine GBoard-Tastatur auch im App Store an. Nach der Installation muss diese Tastatur in den *Einstellungen* ausgewählt und ihr voller Zugriff gewährt werden.

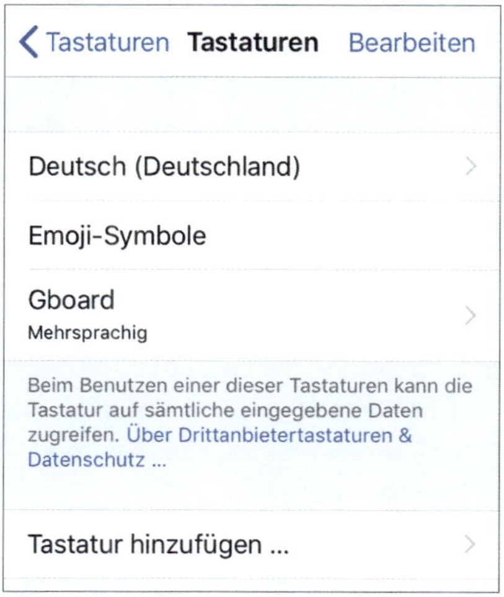

Um die Übersetzungsfunktion der Tastatur zu aktivieren, tippen Sie in der Symbolleiste auf das Google-Translate-Symbol und wählen anschließend die Ausgangs- und Zielsprache aus.

Danach können Sie den Text auf Deutsch eingeben. Die iOS-Version von Gboard übersetzt nicht automatisch in Echtzeit wie die Android-Version. Tippen Sie unten rechts auf die blaue Taste *Übersetzen*, wird die Übersetzung oben im Kommentarfeld angezeigt, aber noch nicht gesendet. Sie können den Text noch korrigieren. Um den Kommentar abzusenden, tippen Sie auf den blauen Pfeil in der Kommentarzeile.

Direktnachrichten an Freunde schreiben

TikTok bietet wie fast jedes soziale Netzwerk die Möglichkeit, per Chat miteinander zu kommunizieren. Dazu enthält es einen eigenen einfachen Messenger. TikTok bezeichnet Chatnachrichten an manchen Stellen auch als *Direktnachrichten*.

Chat nur mit Freunden

Um Spam zu vermeiden, können Sie in TikTok nur an Freunde Direktnachrichten versenden.

Um mit einer Person einen Chat zu beginnen, gibt es verschiedene Möglichkeiten: Von der Profilseite eines Freundes kommen Sie über den Button *Nachricht* direkt in das Chatfenster, in dem Sie sofort drauflostippen können. Im Posteingang sehen Sie aktuelle Chats. Bei jeder Person sind das Profilbild und der letzte Text zu sehen. Fett dargestellte Nachrichten wurden noch nicht gelesen.

Um Spam zu vermeiden, müssen Sie die erste Nachricht eines bisher unbekannten Chatpartners erst einmal als sicher bestätigen. Andernfalls kann diese Person Ihnen keine weiteren Nachrichten schicken. Nach dem einmaligen Annehmen können Sie mit der Person chatten.

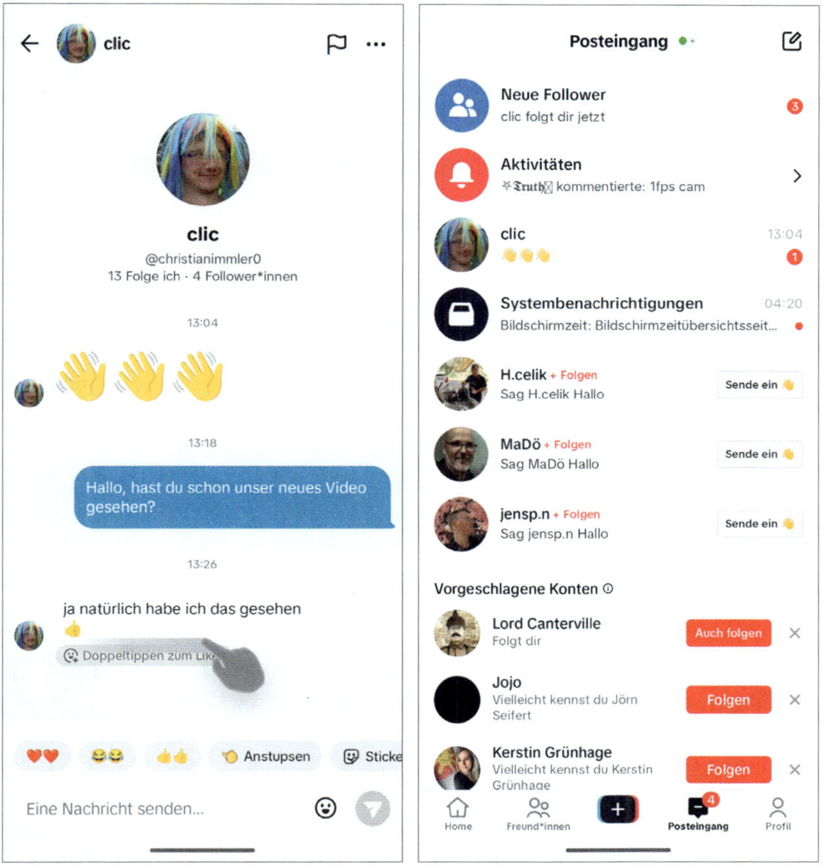

Links: Chatfenster, rechts: Übersichtsseite aktueller Chats

Anschließend können beide Personen Nachrichten in den Chat schreiben. Im Chat können auch Emojis verwendet werden. Statt einer aufwendigen Antwort reicht es manchmal, kurz doppelt auf eine Nachricht des Chatpartners zu tippen, um sie mit einem roten Herz zu versehen.

+++ SO GEHT ES AUF DEM PC +++

Das Symbol *Nachrichten* öffnet das Chatfenster in der TikTok-App für Windows.

Neue Nachricht kommt an

Kommt eine Direktnachricht an, ertönt je nach Systemeinstellung ein Klingelton und die LED des Smartphones blinkt.

Auch bei ausgeschaltetem Bildschirm kann eine Benachrichtigung auf dem Sperrbildschirm erscheinen.

In der Benachrichtigungsleiste oben links erscheint bei neuen Nachrichten ein TikTok-Symbol. Ziehen Sie die Benachrichtigungsleiste vom oberen Bildschirmrand herunter, sehen Sie, wer Ihnen geschrieben hat, und – wenn die Nachricht kurz genug ist – auch den Text. Tippen Sie auf die Benachrichtigung, können Sie die Nachricht innerhalb der Benachrichtigung kurz beantworten oder direkt zum Chat in der TikTok-App wechseln.

Der Posteingang in TikTok zeigt immer die letzten Chats an. Hier können Sie schnell antworten. Selbst Vielnutzer chatten immer wieder mit den gleichen etwa 10–20 Personen, auch wenn Hunderte in der Kontaktliste stehen. Im Posteingang sehen Sie auch, welche neuen Nachrichten noch nicht gelesen wurden und von welchen Personen sie stammen.

Das *Posteingang*-Symbol in der TikTok-App weist mit einer auffälligen roten Zahl auf neue ungelesene Direktnachrichten und andere Benachrichtigungen hin.

Das Symbol der TikTok-App auf dem Startbildschirm und in der App-Liste zeigt einen sogenannten Benachrichtigungspunkt. Das bedeutet, in der App liegt eine aktuelle Benachrichtigung vor, in diesem Fall eine entgangene Nachricht.

In Kapitel 5 unter der Überschrift »Benachrichtigungen aus TikTok« finden Sie Tipps, wie Sie Klingeltöne und Systembenachrichtigungen in TikTok Ihren persönlichen Nutzergewohnheiten anpassen können.

+++ SO GEHT'S AUF DEM IPHONE +++

Benachrichtigungen über neue Nachrichten erscheinen auf dem Sperrbildschirm, am Chatsymbol und in der Chatübersicht. Eine Benachrichtigungs-LED gibt es nicht.

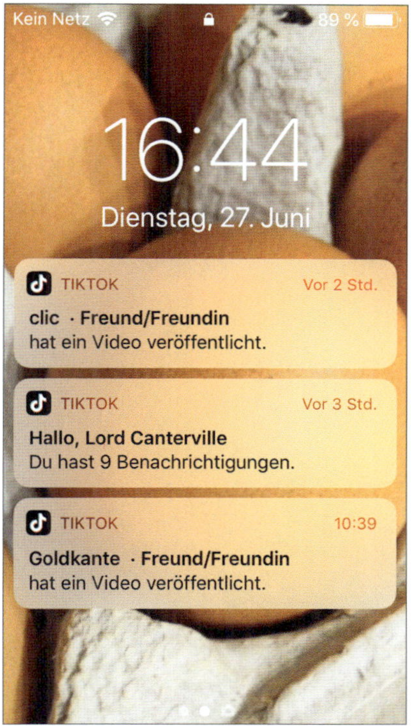

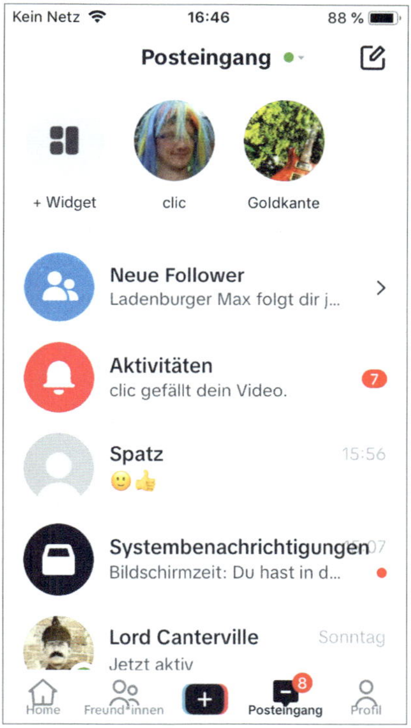

Neue Nachricht schreiben

Im Posteingang sehen Sie die letzten Chats sowie weitere Vorschläge. Diesen Personen können Sie direkt schreiben. Möchten Sie einer anderen Person eine neue Direktnachricht schreiben, tippen Sie auf das *Schreiben*-Symbol oben rechts im Posteingang.

Tippen Sie ein paar Buchstaben in das Suchfeld oben. Jetzt erhalten Sie Vorschläge für Benutzerprofile, die diese Zeichen im Namen oder in ihrer Profilbeschreibung haben. Haben Sie mit einer Person bereits einen laufenden Chat, wird das mit einem speziellen Symbol ganz rechts in der Liste angezeigt.

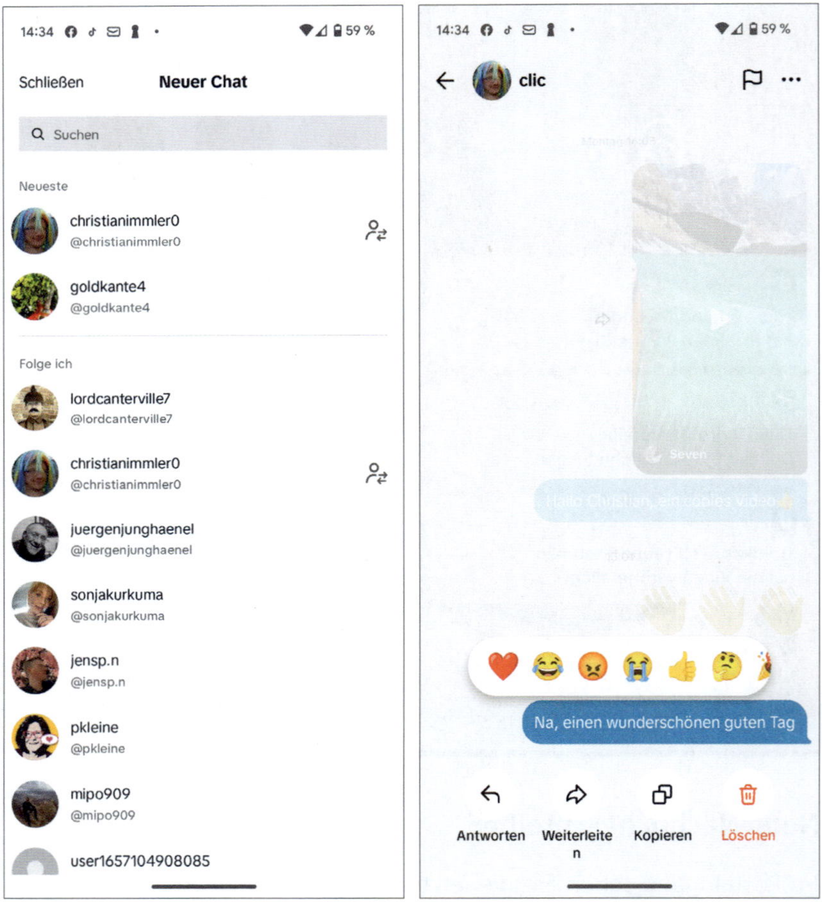

Links: Die Liste »Neuer Chat«, rechts: Nachricht weiterleiten oder löschen

Auf Nachricht mit Emoji reagieren

Wie viele Messenger bietet auch TikTok die Möglichkeit, schnell mit einem Emoji auf eine Nachricht zu reagieren, um so Zustimmung, Ablehnung oder andere Gefühle auszudrücken. Halten Sie den Finger länger auf eine Nachricht und wählen Sie dann ein Emoji aus. Dieses wird automatisch direkt unterhalb der Nachricht dargestellt.

Nachricht weiterleiten

Um eine Direktnachricht an eine andere Person weiterzuleiten, halten Sie den Finger länger darauf und tippen dann auf *Weiterleiten*. Jetzt können Sie eine oder mehrere Personen auswählen, an die die Nachricht weitergeleitet werden soll.

Nachricht zurückrufen

Immer wieder kommt es vor, dass man eine Nachricht löschen möchte. Weniger, um den Chatverlauf übersichtlich zu halten, sondern eher, um eine Nachricht ungeschehen zu machen, bevor der Chatpartner sie liest. Das funktioniert natürlich nur mit Nachrichten, die man selbst geschrieben hat. Halten Sie den Finger länger auf eine Nachricht und tippen Sie dann auf *Löschen*. Die Nachricht wird ohne weitere Nachfrage bei beiden Chatpartnern gelöscht.

Sprachnachrichten in TikTok

TikTok kennt keine Sprachnachrichten im Chat. Manchmal ist es aber doch leichter, eine Nachricht zu sprechen als zu tippen. Mit der auf den meisten Android-Smartphones vorinstallierten Spracherkennung können Sie per Spracheingabe Direktnachrichten versenden, die der Empfänger wie jeden anderen Text lesen kann und nicht anzuhören braucht.

Tippen Sie in das Texteingabefeld und dann auf das kleine Mikrofonsymbol rechts in der Symbolleiste oberhalb der Tastatur. Jetzt können Sie Text sprechen, der automatisch in geschriebenen Text umgesetzt wird. Vor dem Senden können Sie den Text noch bearbeiten, um eventuelle Fehler zu korrigieren.

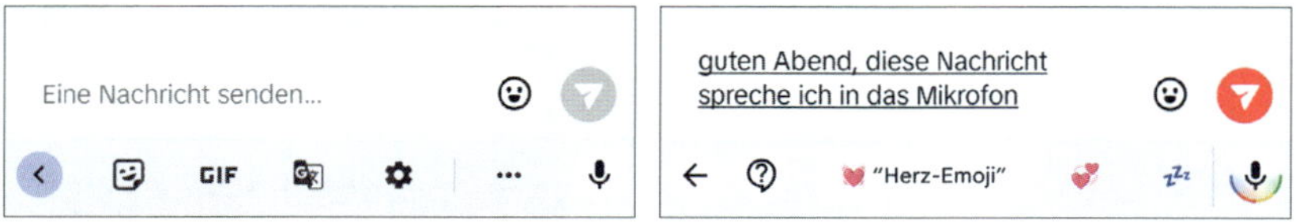

Textnachrichten im Texteingabefeld sprechen und senden

Beiträge weiterleiten

Haben Sie ein interessantes Video auf TikTok entdeckt, können Sie den Link über den Chat an Freunde weiterleiten. Natürlich können Sie auf diese Weise auch einzelne Freunde auf ein TikTok-Video von Ihnen selbst aufmerksam machen. Wie fast immer beim Teilen von Inhalten auf dem Smartphone gibt es zwei Möglichkeiten:

1. Tippen Sie auf das Symbol *Beitrag teilen* in der Emoji-Leiste über der Tastatur im Chat. Wählen Sie jetzt aus Ihren gespeicherten oder eigenen Beiträgen den aus, den Sie im Chat teilen möchten.

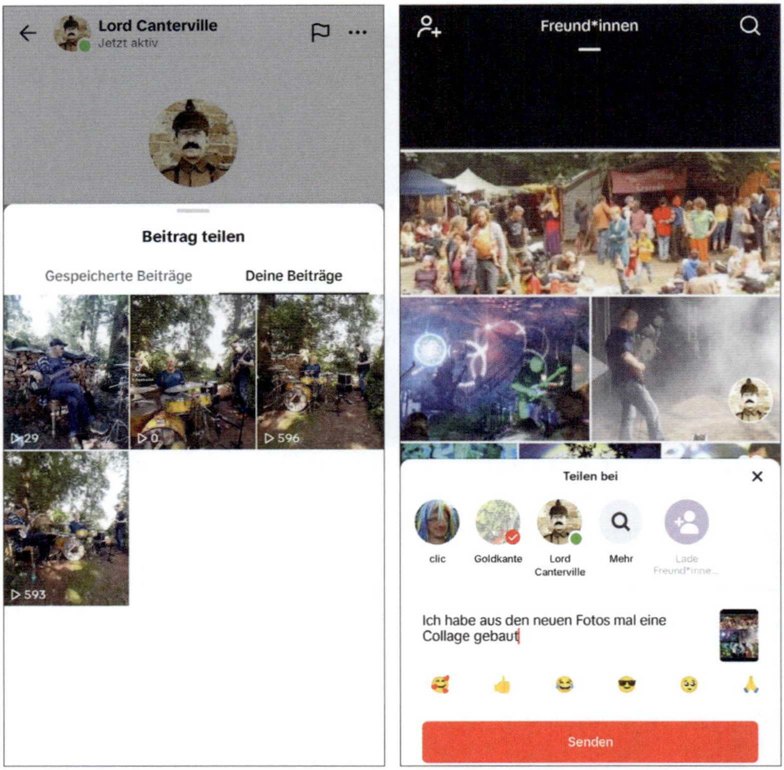

Links: eigenen Beitrag zum Teilen auswählen, rechts: Person wählen und Nachricht schreiben, um ein gesehenes Video zu teilen

2. Tippen Sie auf das *Teilen*-Symbol in einem Video, das Sie gerade betrachten. Wählen Sie dann in der oberen Leiste mit den Profilbildern die Person aus, mit der Sie das Video teilen möchten. Das Lupensymbol *Mehr* zeigt ein Suchfeld, in dem Sie weitere Personen suchen können. Schreiben Sie noch einen kurzen Text dazu und tippen Sie auf *Senden*, um das Video per Direktnachricht zu teilen.

Lästige Personen stummschalten

Manche Menschen haben die Angewohnheit, ihre Mitmenschen im gefühlten Minutentakt mit weitergeleiteten Sprüchen oder Bildchen beglücken zu wollen. Haben Sie so eine Person in Ihren Kontakten und möchten an der Konversation zwar teilhaben, aber nicht über jede neue Nachricht lautstark benachrichtigt werden, schalten Sie diese Person auf stumm.

Tippen Sie im Posteingang länger auf den entsprechenden Chat und dann auf *Stumm*. Im Posteingang wird ein durchgestrichener Lautsprecher bei stummgeschalteten Personen angezeigt. Auf die gleiche Weise können Sie später die Stummschaltung wieder aufheben.

4. Eigene Videos aufnehmen und veröffentlichen

Richtig interessant wird TikTok erst, wenn man selbst Videos hochlädt und damit einen eigenen Kanal mit eigenen Fans aufbaut. Ein anfangs mit einer kleinen Fangruppe gestarteter Kanal kann es auf mehrere Hunderttausend Abonnenten bringen. Allerdings muss man dann schon mit fast professionellem Aufwand den Kanal pflegen und regelmäßig interessante Videos liefern.

Als Erstes sollten Sie sich natürlich fragen: Brauche ich unbedingt möglichst viele Abonnenten oder möchte ich lieber, dass meine persönlichen Freunde und Leute mit ähnlichen Interessen mir folgen?

Eigenen Kanal anlegen

Mit der ersten Anmeldung haben Sie bereits einen Kanal erstellt, der aber bis jetzt noch keine öffentlichen Inhalte bietet. Im Gegensatz zu anderen Video-Apps wie *YouTube* brauchen Sie bei TikTok zum Veröffentlichen von Videos nichts weiter zu tun. Sie können in jedem TikTok-Profil sofort das erste Video hochladen.

Eigene Videos hochladen

Jetzt kommt der spannende Moment, in dem Sie Ihr erstes Video auf TikTok veröffentlichen. Dabei gibt es, wie fast immer beim Veröffentlichen von Inhalten, zwei Methoden:

Tippen Sie in der TikTok-App auf das Plussymbol, schalten Sie unten in den Bereich *Hochladen* und wählen Sie dann das gewünschte Video aus der Galerie des Smartphones aus.

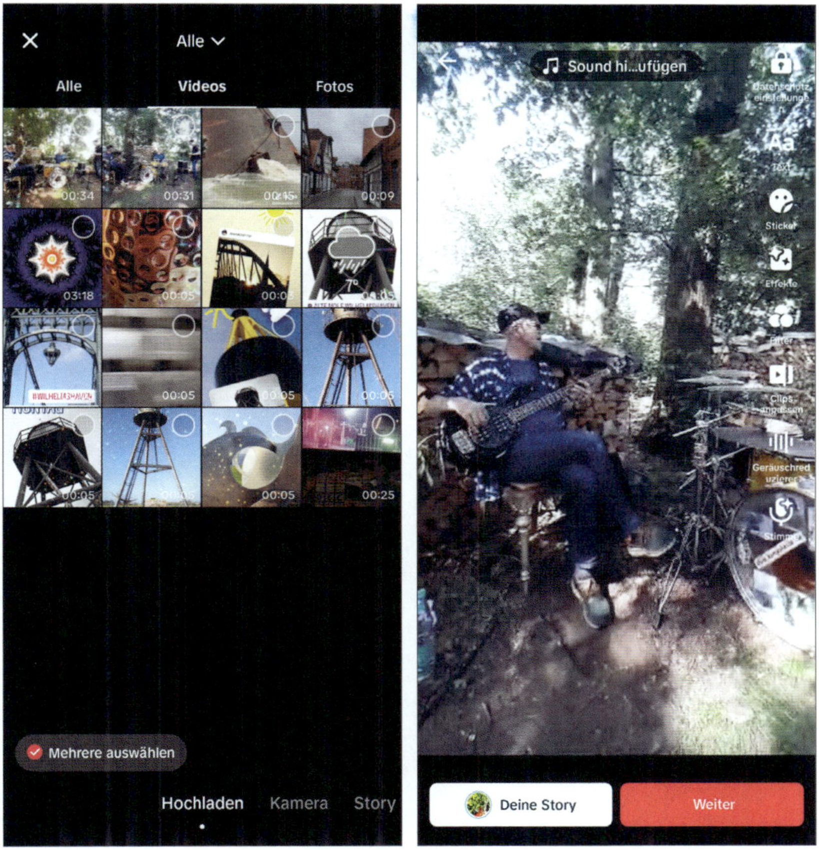

Video in der TikTok-App hochladen

Spielen Sie auf dem Smartphone ein gespeichertes Video in Google Fotos oder einer anderen installierten Video-Player-App ab und tippen Sie auf das *Teilen*-Symbol. In der Liste der Apps zum Teilen wählen Sie *TikTok*.

Die folgenden Schritte sind bei beiden Methoden gleich:

1. Jetzt können Sie mit den Symbolen am rechten Bildschirmrand Effekte, Sticker oder Texte in das Video einfügen. Tippen Sie anschließend unten auf *Weiter*.

2. Auf dem nächsten Bildschirm tragen Sie eine kurze Beschreibung für das Video ein. In dieser Beschreibung können Sie auch Hashtags verwenden. Tippen Sie auf das *Hashtags*-Symbol, um bei der Eingabe von Hashtags automatisch passende Vorschläge zu erhalten.

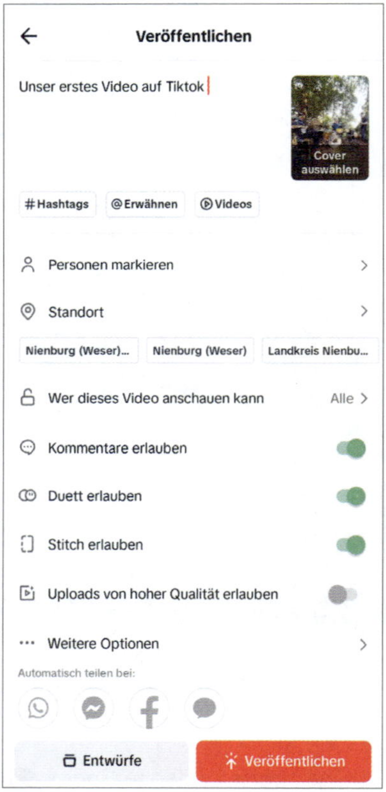

Videobeschreibung formulieren und Titelbild auswählen

150 Zeichen – dann ist Schluss

Die Videobeschreibung darf maximal 150 Zeichen lang sein, einschließlich Hashtags. Kurz, aber interessant ist hier die Devise. Damit wird auch verhindert, dass Beschreibungen mit zig verschiedenen Hashtags gepostet werden, die oft gar nicht auf den Inhalt des Videos zutreffen.

3. Das erste Bild eines Videos ist nicht unbedingt als Titelbild geeignet, das in Listen und auf dem eigenen Profil angezeigt wird. Tippen Sie oben rechts auf *Cover auswählen*, können Sie durch das Video scrollen und ein passendes Titelbild für das Video wählen.
4. In der Zeile *Personen markieren* können Sie Freunde auswählen, die im Video markiert werden sollen.
5. Wählen Sie einen Standort, wo das Video aufgenommen wurde, damit Besucher auch nach Orten suchen können. Hier werden Standorte in der aktuellen Umgebung vorgeschlagen. Wurde das Video woanders aufgenommen, suchen Sie einen Standort, indem Sie die ersten Buchstaben eingeben. Der Standort wird beim Abspielen oberhalb der Videobeschreibung angezeigt. Tippt man beim Abspielen darauf, werden weitere Videos gelistet, die an diesem Standort aufgenommen wurden.
6. Legen Sie in der Zeile *Wer dieses Video anschauen kann* fest, ob das Video öffentlich, nur für Freunde oder privat sein soll.
7. Tippen Sie auf *Veröffentlichen*, dauert es je nach Größe des Videos einige Sekunden, bis es hochgeladen und auf TikTok zum Veröffentlichen verarbeitet ist. Anschließend erscheint es – vorausgesetzt es wurde auf *Öffentlich* gesetzt – bei den Besuchern Ihres Kanals unter den Videos.
8. Nach dem Hochladen erscheint für eine kurze Zeit eine Symbolleiste, in der Sie das Video direkt teilen können.

Video nach dem Hochladen teilen

Hashtags für TikTok-Kampagnen und beliebte Themen

TikTok erfindet zusammen mit Handels- und Medienpartnern immer wieder eigene Hashtags, die dann auch offline verbreitet werden, um bestimmte Themen auf TikTok voranzubringen.

Der Hashtag **#booktok** tauchte Ende 2020 zum ersten Mal auf TikTok auf. Tausende sprangen auf den Trend auf, um im Netz über die Bücher zu diskutieren, die sie lesen. Inzwischen machen große Buchhändler, Media Control und die Leipziger Buchmesse mit. 149 Milliarden Videos sind mittlerweile weltweit mit diesem Hashtag gekennzeichnet. Selbst der deutsche Hashtag **#booktokgermany** findet 958 Millionen Videos zu Büchern unterschiedlicher Genres.

Links: Hashtag #booktok auf Tiktok, rechts: #BookTok Bestsellerliste von Media Control

Fiktive oder auch echte, teilweise unaufgeklärte Kriminalgeschichten sind ein beliebtes Thema von rund 16 Milliarden Videos, die unter dem Hashtag **#crimetok** zu finden sind.

Kurze Kochvideos mit interessanten Rezepten sind seit Langem eines der beliebtesten Themen auf TikTok. Zurzeit sind etwa 158 Milliarden Videos mit dem Hashtag **#foodtiktok** gekennzeichnet, der aber bei Weitem nicht in allen Kochvideos steht.

TikTok wird gern von Schülern verwendet. Es führte selbst den Hashtag **#lernenmittiktok** ein, um kurze Lernvideos nicht nur zu schulischen Themen zu kennzeichnen. Für einen nur im deutschen Sprachraum verwendeten Hashtag sind die zurzeit 16,8 Milliarden Videos eine beachtliche Zahl.

#fyp und **#foryou** sind die beliebtesten Hashtags auf TikTok. Damit hoffen viele TikToker, dass ihre Videos möglichst oft auf den *Für dich*-Seiten (englisch: *For you page*) anderer Nutzer angezeigt werden.

+++ SO GEHT ES AUF DEM PC +++

Auch vom PC können Sie Videos auf TikTok veröffentlichen. Professionelle TikToker nutzen diesen Weg oft, da sie die Videos vorher am PC mit anderen Programmen zusammenstellen und bearbeiten.

1. Klicken Sie in TikTok oben rechts auf *Hochladen*.

2. Wählen Sie dann die gewünschte Videodatei aus. Diese sollte im Hochformat mit einer Auflösung von 720 x 1.280 Pixeln oder höher vorliegen, das MP4- oder WebM-Format haben, bis zu 30 Minuten lang und weniger als 2 GB groß sein.
3. Im nächsten Schritt geben Sie dem Video eine aussagekräftige Videobeschreibung. Hier können Sie bis zu 2.200 Zeichen schreiben, Freunde markieren und Hashtags verwenden. Übernehmen Sie nicht einfach den von der Kamera automatisch generierten Dateinamen. Prüfen Sie die Videobeschreibung sehr genau, auch auf Tippfehler. Im Gegensatz

zu anderen Portalen bietet TikTok nur noch sieben Tage nach der Veröffentlichung die Möglichkeit, die Videobeschreibung zu ändern.

4. Wählen Sie ein Bild aus dem Video als Titelbild – hier als *Cover* bezeichnet – aus. Es wird in Listen als Titelbild des Videos angezeigt. Professionelle TikToker laden hier auch eigens angefertigte Titelbilder hoch, die den Inhalt des Videos kurz und prägnant ankündigen und mit den anderen Titelbildern des Kanals ein einheitliches Bild abgeben.
5. Legen Sie fest, ob das Video öffentlich, nur für Freunde oder privat nur für Sie selbst zu sehen sein soll.
6. Die Schalter *Kommentieren*, *Duett* und *Stitch* sollten in den meisten Fällen aktiviert bleiben, da sie zur Popularität des Videos beitragen.
7. Mit dem Schalter *Video planen* können Sie sich auch entscheiden, ein Video automatisch zu einem festgelegten späteren Zeitpunkt zu veröffentlichen.

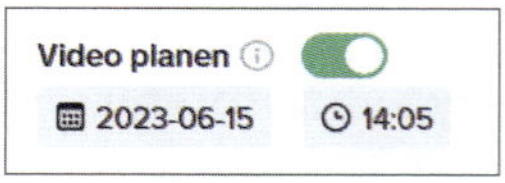

8. Mit der optionalen Urheberrechtsprüfung wird das Video von TikTok auf mögliche Urheberrechtsverletzungen, die Ihnen möglicherweise eine kostspielige Abmahnung einbringen könnten, geprüft.
9. Nach einem Klick auf *Veröffentlichen* wird das Video veröffentlicht und im eigenen Profil angezeigt. Später haben Sie noch sieben Tage die Möglichkeit, an der Beschreibung oder anderen Daten etwas zu ändern, ohne das Video neu hochzuladen.

Videos mit der Kamera aufzeichnen

Die TikTok-App enthält eine eigene Kamerafunktion zum Aufzeichnen und Bearbeiten von Videos. Hier wurden diverse Elemente erstmals vorgestellt, die später in den Story-Kameras von Instagram, WhatsApp, Facebook und YouTube Shorts übernommen wurden.

Tippen Sie auf dem Hauptbildschirm der TikTok-App unten auf das Plussymbol, erscheint automatisch die Kamera und Sie können die erste Aufnahme starten.

Videokamera vor und während der Aufzeichnung

Die Oberfläche der TikTok-Kamera bietet etwas andere und teilweise mehr Möglichkeiten als die Standard-Android-Kamera-App.

Zoom

Die TikTok-Kamera zeigt kein Zoom-Symbol an. Sie können aber zoomen, indem Sie zwei Finger auf dem Touchscreen spreizen oder zusammenziehen.

Das Doppelpfeilsymbol oben rechts schaltet zwischen Hauptkamera und Frontkamera um. Sie können auch einfach während der Aufnahme die Kamera mit kurzem Doppeltippen auf den Bildschirm wechseln.

Das Symbol *Geschwindigkeit* blendet eine zusätzliche Leiste ein, auf der Sie verschiedene Aufnahmegeschwindigkeiten wählen können. Die Geschwindigkeiten *0.3x* und *0.5x* lassen das Video langsamer erscheinen, *1x* ist die Standardgeschwindigkeit für die Aufnahme, und *2x* und *3x* lassen das Video schneller erscheinen.

Das Blitzsymbol schaltet die Foto-LED ein oder aus.

Wählen Sie unten oberhalb des Auslösers die gewünschte Länge des Videos.

Tippen Sie auf den runden Auslöser in der Mitte unten, um ein Video aufzunehmen. Die Aufnahme stoppt nach der ausgewählten Zeit automatisch. Sie können die laufende Aufnahme aber auch jederzeit durch Antippen des Auslösers anhalten.

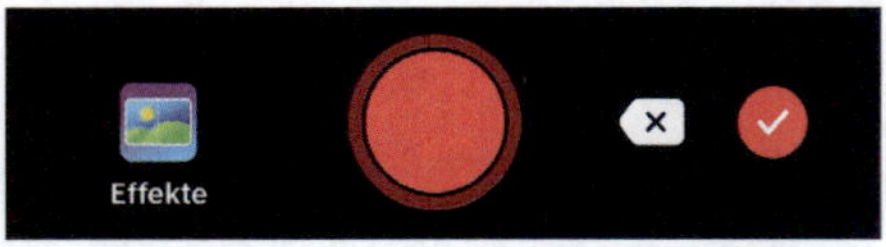

Nach der Aufnahme tippen Sie auf das rote Häkchen, um das Video zu bearbeiten und hochzuladen. Das weiße Symbol mit dem **x** verwirft die Aufnahme und Sie können neu anfangen.

Automatisch zeitgesteuert aufnehmen

Möchten Sie mit einem Stativ ein Selfie-Video aufnehmen, in dem Sie selbst zu sehen sind, und das Smartphone dazu nicht in die Hand nehmen müssen, können Sie den Timer verwenden. Hier legen Sie einen Vorlauf von drei oder zehn Sekunden fest, bevor anschließend automatisch die Aufnahme startet, deren Dauer Sie exakt voreinstellen können.

Sound hinzufügen

Statt des Originaltons können Sie auch eine Hintergrundmusik hinter das Video legen, nachdem die Aufzeichnung beendet ist.

1. Tippen Sie auf das Symbol *Sound hinzufügen* ganz oben.
2. Wählen Sie aus den Vorschlägen oder Ihren gespeicherten Sounds einen aus, der hinter das Video gelegt werden soll.
3. Ist kein passender Sound bei den Vorschlägen dabei, tippen Sie auf das Suchsymbol. Jetzt erscheint die umfangreiche Soundbibliothek von TikTok, in der für jeden Geschmack etwas zu finden ist. Diese Sounds können innerhalb von TikTok ohne Urheberrechtsprobleme verwendet werden.

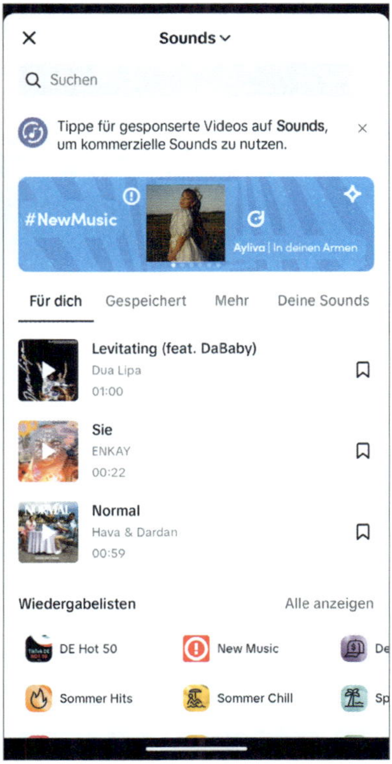

Hintergrundsound für ein Video auswählen, rechts: TikTok-Soundbibliothek

4. Mit dem Scherensymbol neben dem Sound wählen Sie einen beliebigen Ausschnitt in der Länge des Videos. Standardmäßig wird der Sound von Anfang an abgespielt und automatisch mit dem Ende der Videoaufnahme beendet.
5. Entfernen Sie das Häkchen vor *Originalton* unten links, wenn Sie den Originalton der Aufnahme durch den Hintergrundsound komplett ersetzen möchten.
6. Tippen Sie unten rechts auf *Lautstärke*, können Sie die Lautstärke des Originaltons und des Hintergrundsounds anpassen.

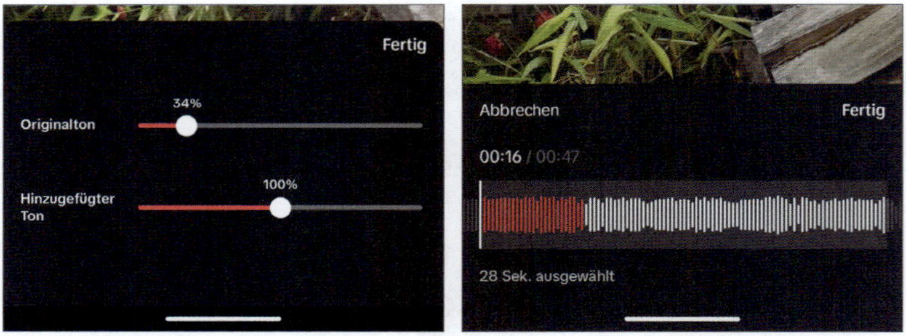

Links: Lautstärke anpassen, rechts: Zeitabschnitt aus dem Sound schneiden

Filter während der Aufnahme nutzen

Vor dem Beginn der Aufnahme und ebenso in den Aufnahmepausen können verschiedene Einstellungen vorgenommen oder Effekte angewendet werden. Die Symbolleiste rechts zeigt immer nur die Werkzeuge an, die beim aktuellen Bearbeitungsstand des Videos möglich sind.

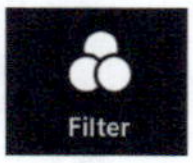

Das Werkzeug *Filter* bietet eine Auswahl an Farb- und Effektfiltern, die über das Video gelegt werden können. Diese Filter sind in verschiedenen Kategorien zusammengefasst, die zu unterschiedlichen Aufnahmemotiven passen, etwa *Porträt*, *Landschaft* oder *Essen*. Die Filter werden in Echtzeit während der Aufnahme angewendet.

Mit dem Symbol ganz links in der Liste entfernen Sie den verwendeten Filter und zeigen wieder das Original-Kamerabild. Tippen Sie einfach ins Bild, um die Symbolleiste zu schließen.

Links: Filter anwenden, rechts: Filter verwalten

Da man meist immer wieder die gleichen Lieblingsfilter verwendet, lässt sich die Symbolleiste anpassen. Tippen Sie ganz rechts auf das *Verwalten*-Symbol, können Sie festlegen, welche Filter in der Symbolleiste angezeigt werden und welche nicht. Natürlich lässt sich diese Auswahl jederzeit wieder ändern.

Retuschieren verändert das Gesicht bei Selfie-Videos. Hier können Sie mit einem leichten Weichzeichner die Haut glätten sowie Lippenstift oder Lidschatten in verschiedenen Farben anlegen. Die verwendete Bilderkennung erkennt Gesichter gut, sodass die übrigen Teile des Bildes unverändert bleiben.

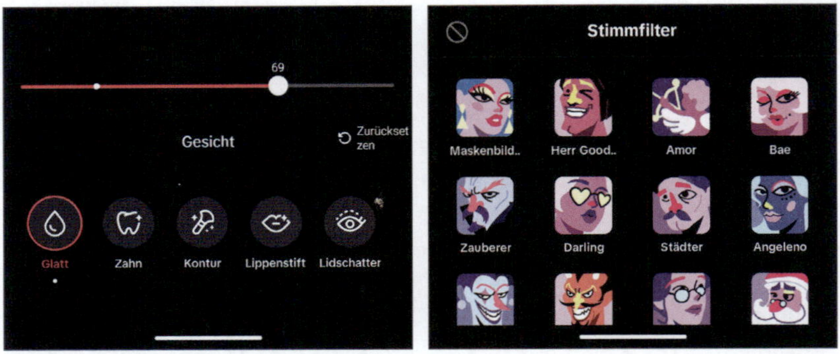

Links: Werkzeuge zum Retuschieren von Gesichtern, rechts: Stimmfilter

Über *Stimmfilter* können Sie Ihre eigene Stimme verfremden, wenn Sie in einem Video den Originalton der Aufnahme nutzen. In der Symbolleiste stehen zahlreiche Stimmfilter zur Verfügung. Probieren Sie diese aus, bevor Sie sie auf eine Aufnahme anwenden. Tippen Sie dazu länger auf einen der Stimmfilter und sprechen Sie ein paar Wörter. Diese werden dann unter Anwendung des Stimmfilters wiederholt.

Die TikTok-Kamera bietet jede Menge *Effekte*, die über das Bild gelegt werden können. Teilweise bringen sie nur kleine Farbkorrekturen, einige verändern das Bild aber bis zur völligen Unkenntlichkeit. Viele der Effekte nutzen KI zur Veränderung von Gesichtern während eines Selfie-Videos.

Probieren Sie einfach aus, welche der Effekte Ihnen zusagen. Natürlich hängt es auch vom Inhalt des Videos ab, ob und welchen Effekt Sie nutzen. Bei einer seriösen Dokumentation verzichten Sie komplett auf Effekte, wogegen bei einem Spaßvideo alles erlaubt ist.

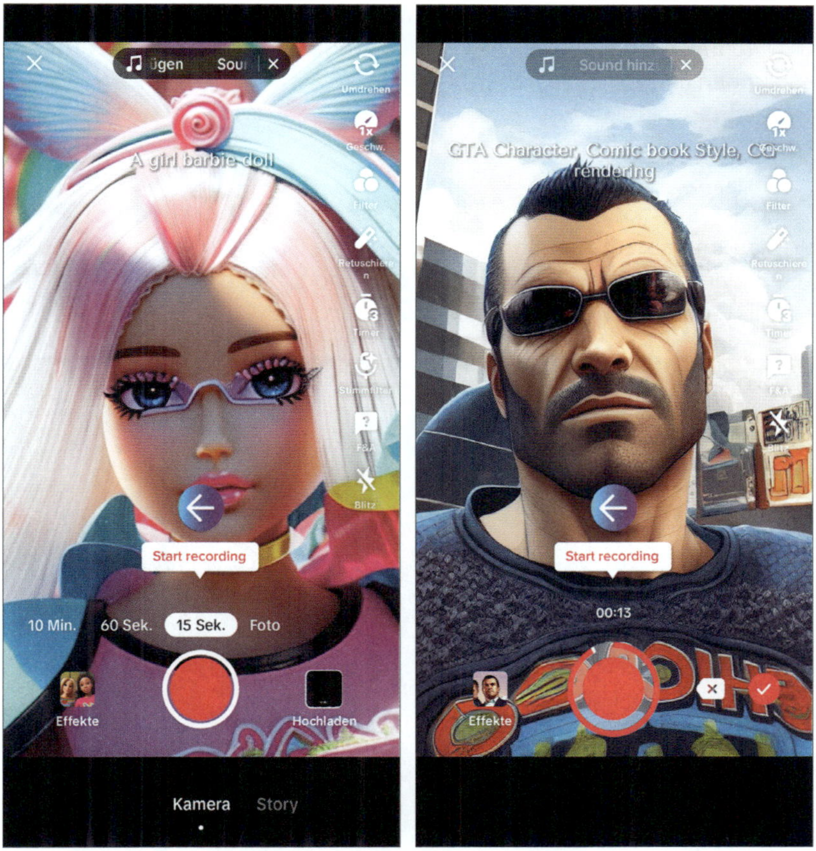

Beispiele für Effekte, die ein Gesicht bis zur Unkenntlichkeit verändern

Videos vor dem Hochladen bearbeiten

Vor dem endgültigen Veröffentlichen eines Videos können Sie noch unwichtige Teile davon abschneiden, Effekte, Sticker oder Texte darüberlegen.

Über die *Datenschutzeinstellungen* können Sie festlegen, dass das Video nicht öffentlich, sondern nur für Freunde oder nur für Sie selbst sichtbar sein soll. Bei Bedarf legen Sie die Zielgruppe als *Standardpublikum* fest. Diese Standardeinstellung wird immer verwendet, wenn Sie ein Video veröffentlichen, ohne vorher die Datenschutzeinstellungen angepasst zu haben.

Video schneiden

Über das Symbol *Bearbeiten* können Sie einen Zeitabschnitt wählen und so am Anfang und am Ende die Sekunden wegschneiden, in denen Sie noch nicht den endgültigen Bildausschnitt hatten oder jemand ins Bild gelaufen ist.

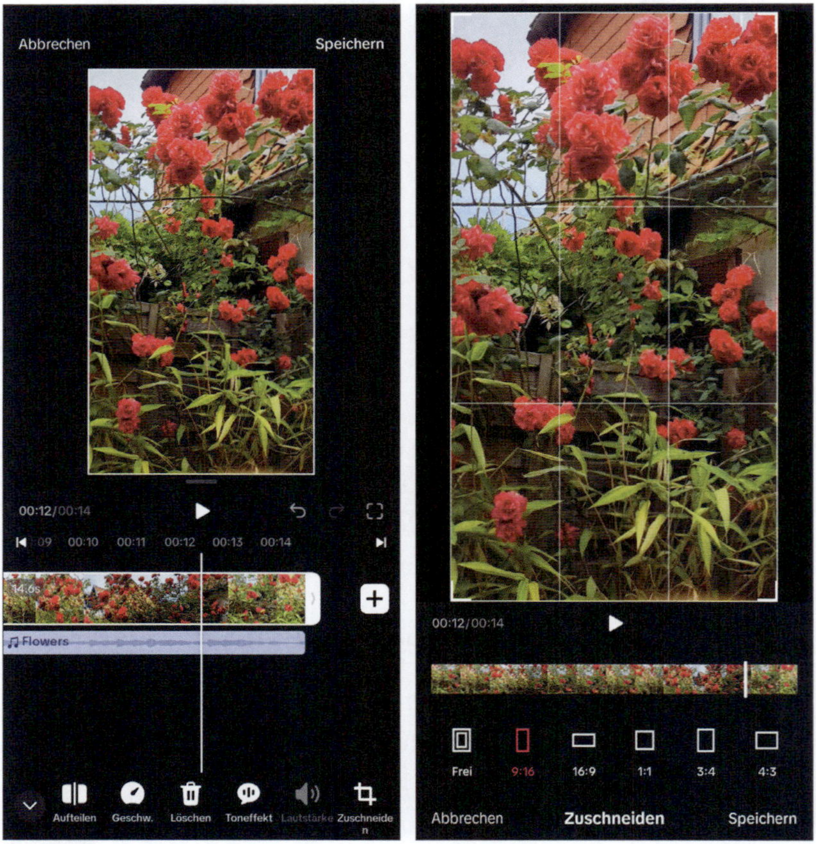

Links: Zeitabschnitt eines Videos ausschneiden, rechts: Bildausschnitt ausschneiden

Hier ist es auch möglich, nur einen bestimmten Bildausschnitt des Videos zu verwenden, um störende Objekte am Rand wegzuschneiden. Beim Zuschneiden werden gängige Standard-Seitenverhältnisse zur Auswahl angeboten.

Text einfügen

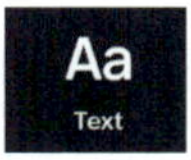

Das Symbol *Text* blendet die Tastatur ein, um einen Text ins Bild zu schreiben. Den Text können Sie anschließend verschieben oder skalieren. Wählen Sie eine Schriftart sowie eine Farbe aus. Sie können auch die Dauer festlegen, wie lange der Text im Video eingeblendet bleiben soll.

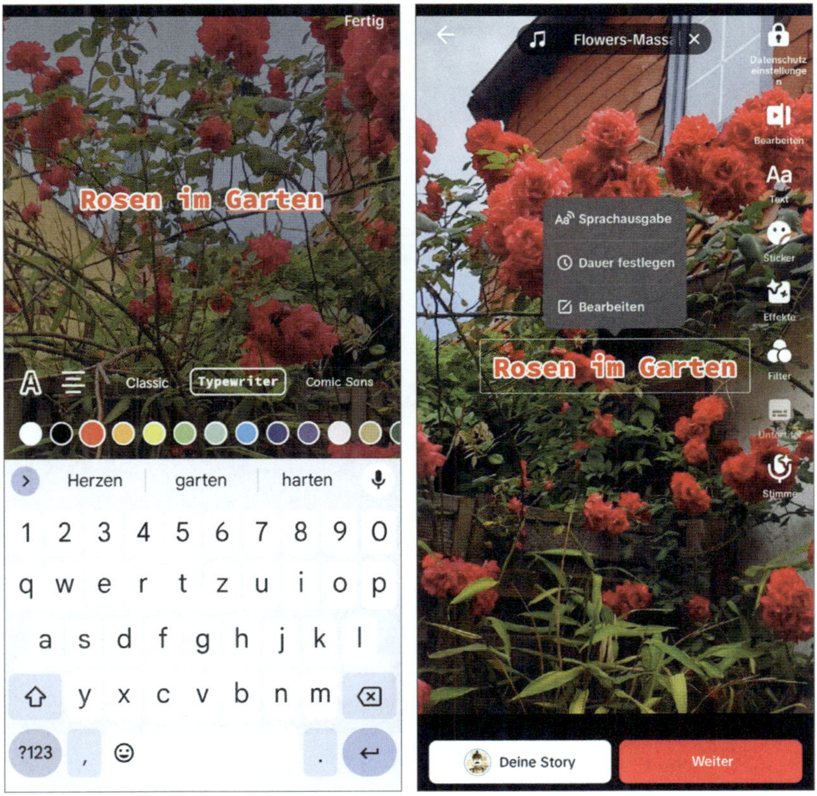

Text in ein Video einblenden

Sticker einfügen

Um im Video etwas hervorzuheben oder einfach nur aus Spaß können Sie Bildsymbole einfügen. TikTok bietet hier eine große Auswahl an Stickern sowie die wichtigsten Emojis zur Auswahl an. Die Sticker können beliebig auf dem Bildschirm platziert und auch in der Größe skaliert werden.

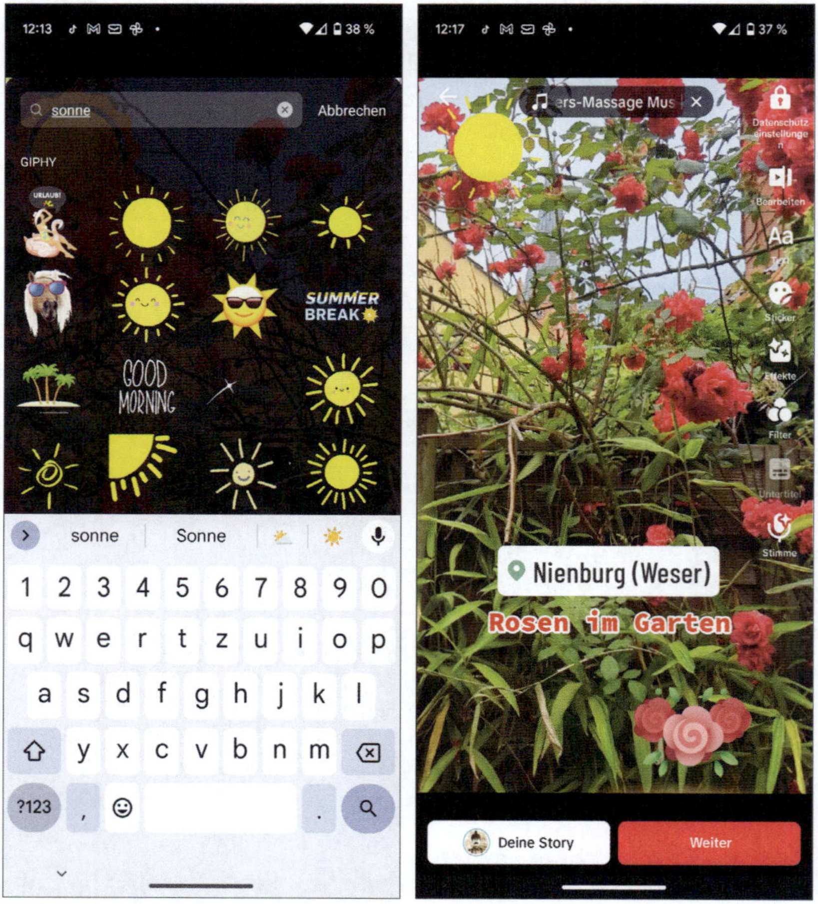

Links: GIFs suchen, rechts: GIF, Sticker und Text in Video einfügen

Zusätzlich können auch animierte GIFs verwendet werden. Bei der Vielfalt an GIFs sind thematisch passende nicht immer leicht zu finden. Geben Sie im Suchfeld oben ein Stichwort ein, um über die integrierte GIPHY-Suche ein passendes GIF zu finden.

Hashtags im Video

Auch in Videos selbst, nicht nur in der Beschreibung, können Hashtags verwendet werden, allerdings nur einer pro Video. Dazu bietet TikTok einen speziellen Sticker an.

Wählen Sie den Sticker *#HASHTAG* in der Sticker-Auswahl. Geben Sie den gewünschten Hashtag ohne das **#**-Zeichen ein. Dabei werden automatisch passende Hashtags vorgeschlagen. Anschließend können Sie den Hashtag-Sticker, wie jeden Sticker, an die gewünschte Position verschieben. Tippt ein Besucher im Video darauf, wird wie bei einem Hashtag in der Beschreibung eine Liste aller aktuellen Videos mit diesem Hashtag angezeigt.

Personen im Video erwähnen

Mit dem Sticker *@ERWÄHNEN* erwähnen Sie eine Person im Video. Nach dem Auswählen dieses Stickers geben Sie ein paar Zeichen ein. Daraufhin werden direkt passende Profile vorgeschlagen, die Sie nur noch auszuwählen brauchen. Genau wie bei einer Erwähnung in der Beschreibung wird der Besucher beim Antippen des Stickers auf das jeweilige Profil geleitet.

Standort im Video

TikTok bietet einen Sticker an, um den Standort eines Videos grafisch auffällig in ein Video einzufügen. Fügen Sie den Sticker *LOCATION* ins Video ein. Jetzt erscheint eine Vorschlagsliste möglicher Standorte in der direkten Umgebung. Wählen Sie den gewünschten Ort aus, er wird automatisch in das Standortsymbol geschrieben. Ein Besucher kommt wie bei einem Standort in der Beschreibung beim Antippen dieses Stickers zu einer Liste aktueller Videos, in denen der gleiche Standort markiert ist.

Untertitel automatisch erzeugen

Besonders bei Erklärvideos ist es hilfreich, die Erklärung nicht nur als Audio, sondern auch als lesbaren Text anzubieten. TikTok bietet eine automatische Spracherkennung in Videos an, die Untertitel erzeugt und an den Stellen im Video einfügt, an denen der jeweilige Satz gesprochen wurde.

1. Tippen Sie nach der Aufzeichnung des Videos auf das Symbol *Untertitel*. Wählen Sie die verwendete Sprache links unterhalb des Vorschaubildes aus. Jetzt werden die Untertitel automatisch erzeugt.

2. Wählen Sie nun die gewünschte Schriftart.

3. Bearbeiten Sie die Untertitel. Besonders Groß- und Kleinschreibung sowie Satzzeichen werden nicht automatisch richtig umgesetzt.
4. Tippen Sie oben rechts auf *Speichern*. Danach können Sie noch Effekte oder Sticker hinzufügen und das Video veröffentlichen.

TikTok-Storys

Möchten Sie Ihre Freunde auf dem Laufenden halten, was Sie gerade tun, veröffentlichen Sie ein Video als Story. Dieses ist für Ihre Freunde 24 Stunden lang sichtbar und verschwindet danach automatisch.

Die eigene Story kann mehrere Beiträge enthalten, die den Betrachtern automatisch nacheinander angezeigt werden. Jeder einzelne Beitrag verschwindet 24 Stunden nach der Veröffentlichung. Wer also mindestens einmal am Tag etwas in der Story postet, dessen Story bleibt nie leer.

1. Eine Story zu veröffentlichen, funktioniert genauso, wie ein Video zu veröffentlichen. Auf dem letzten Bildschirm, bevor Sie die Videobeschreibung und andere Daten eingeben, tippen Sie auf *Deine Story* anstatt auf *Weiter*. Storys haben keine Beschreibung.
2. Jetzt wird das Video als Story veröffentlicht und den Freunden 24 Stunden lang angezeigt.

3. Ältere Storys verschwinden nicht komplett, sondern Sie können sie selbst noch ansehen. Auf dem Profilbildschirm im Bereich *Private Videos* finden Sie das *Stories-Archiv*, das die älteren Storys zeigt.

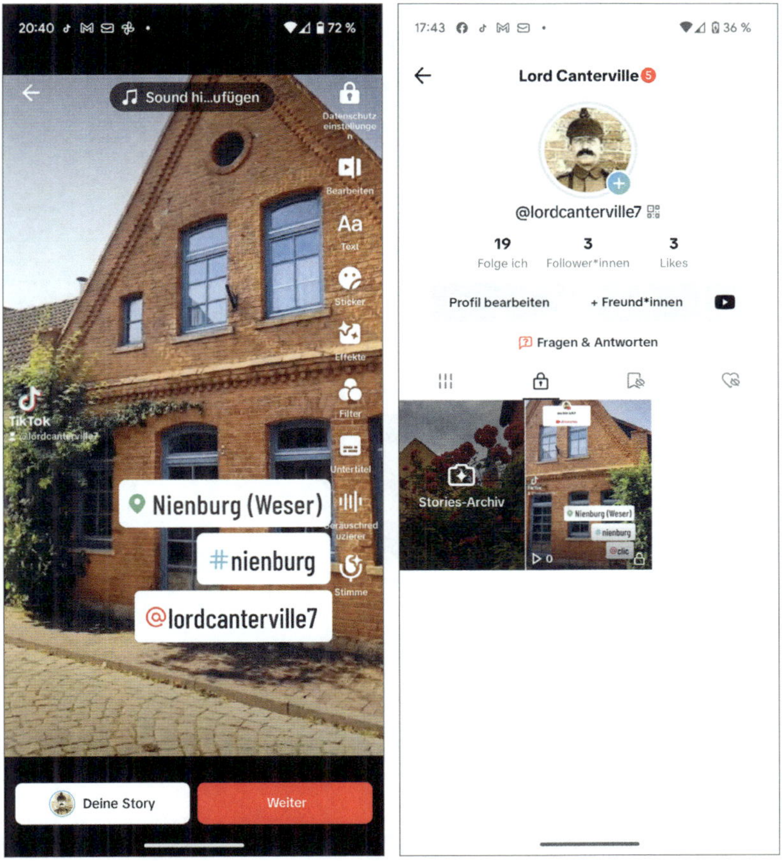

Links: Story veröffentlichen, rechts: Stories-Archiv

Fotos oder Texte als Story veröffentlichen

Sie können auch anstatt eines Videos ein Foto oder einfach nur einen Text als Story veröffentlichen.

1. Tippen Sie auf das Plussymbol und schieben Sie dann die Leiste unten auf *Foto* oder *Text*.
2. Jetzt können Sie direkt ein Foto aufnehmen und danach einen Text einfügen oder einen Text auf den noch leeren Bildschirm schreiben. Dabei haben Sie verschiedene Schriftarten und Farben zur Verfügung.

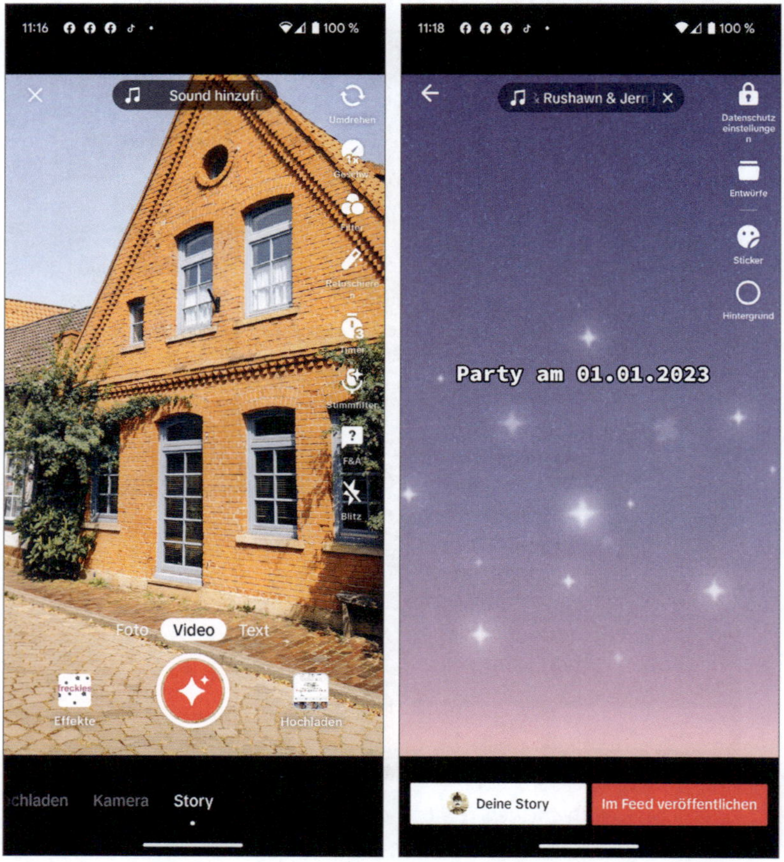

Links: Story aufnehmen, rechts: Text-Story mit Sticker und Hintergrund

3. Dieses Symbol legt einen hellen Rand um die Schrift, damit diese vor jedem Hintergrund besser zu erkennen ist.

4. Auf dem nächsten Bildschirm können Sie Sticker einfügen und auch bei reinen Text-Storys den Hintergrund des Textes verändern. Anschließend veröffentlichen Sie die Story.

Mehrere Videos kombinieren

TikTok bietet Möglichkeiten, Videos zu kombinieren und dann neu zu veröffentlichen. So können Sie zum Beispiel andere Videos während des Abspielens kommentieren. Auf diese Weise erhalten Ihre Videos noch mehr Reichweite und Benutzer vernetzen sich interaktiv miteinander.

Duett

Duett kombiniert zwei Videos miteinander – eines, das bereits auf TikTok veröffentlicht wurde, und ein eigenes neu aufgenommenes.

1. Möchten Sie ein Duett mit einem Video aufnehmen, das Sie gerade betrachten, tippen Sie auf das *Teilen*-Symbol und dann auf das Symbol *Duett*.

2. Das laufende Video wird in einer Bildschirmhälfte angezeigt. Wählen Sie aus, wie die beiden Videos auf dem Bildschirm dargestellt werden sollen.

Zwei Videos zum Duett kombinieren

TikTok bietet vier Methoden, Videos im Duett zu kombinieren:

Greenscreen: Das eigene Selfie-Video wird vor dem Hintergrund des Originalvideos angezeigt.

Horizontale Teilung: Beide Videos werden nebeneinander in zwei Bildschirmhälften angezeigt.

Bild im Bild: Ein Video läuft in einem rechteckigen Rahmen innerhalb des anderen Videos.

Vertikale Teilung: Beide Videos werden übereinander in zwei Bildschirmhälften angezeigt.

3. Mit dem Symbol *Wechseln* wechseln beide Videos die Plätze auf dem Bildschirm.

4. Nehmen Sie jetzt das eigene Video auf. Das andere läuft synchron im anderen Bildschirmteil mit.
5. Am Ende können Sie Effekte, Filter und Sticker hinzufügen.
6. Mit dem Symbol *Lautstärke* passen Sie die Lautstärke der beiden Videos für das Duett an, zum Beispiel, damit Ihre Kommentare zum anderen Video gut zu verstehen sind.

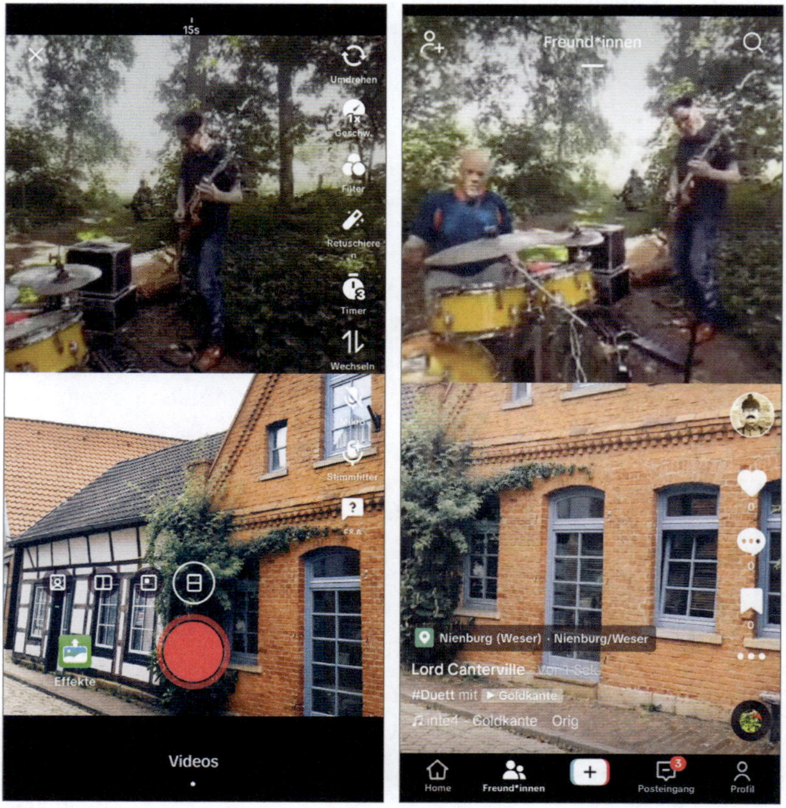

Duett aufnehmen und auf TikTok betrachten

Am Ende veröffentlichen Sie das Duett. In der Videobeschreibung erscheint automatisch ein Hinweis auf das Originalvideo. In Kapitel 5 finden Sie im

Abschnitt »Datenschutz für Duett und Stitch« Informationen, wie Sie festlegen, wer mit Ihren Videos Duette veröffentlichen darf.

Stitch

Stitch hängt ein eigenes Video hinter ein Video, das bereits veröffentlicht wurde.

1. Möchten Sie einen Stitch mit einem Video aufnehmen, das Sie gerade betrachten, tippen Sie auf das Symbol mit den drei Punkten und dann auf das Symbol *Stitch*.

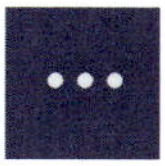

2. Das laufende Video wird angezeigt. Wählen Sie einen Ausschnitt von maximal 5 Sekunden aus, der für den Stitch verwendet werden soll.
3. Nehmen Sie jetzt das eigene Video auf. Es wird automatisch an das andere angehängt.
4. Am Ende können Sie Effekte, Filter und Sticker hinzufügen.
5. Mit dem Symbol *Lautstärke* passen Sie die Lautstärken der beiden Videos für den Stitch an.

Am Ende veröffentlichen Sie den Stitch. In der Videobeschreibung erscheint automatisch ein Hinweis auf das Originalvideo. In Kapitel 5 finden Sie im Abschnitt »Datenschutz für Duett und Stitch« Informationen, wie Sie festlegen, wer mit Ihren Videos einen Stitch veröffentlichen darf.

Beiträge später nachbearbeiten

Einmal veröffentlichte Videos können auf TikTok nicht mehr nachbearbeitet werden. Die Beschreibung, eingetragene Hashtags und das Titelbild des Videos können Sie einmal pro Tag ändern, allerdings nur in den ersten sieben Tagen nach der Veröffentlichung.

1. Möchten Sie die Beschreibung eines Videos bearbeiten, das Sie gerade betrachten, tippen Sie auf das Symbol mit den drei Punkten und dann auf das Symbol *Beitrag bearbeiten*.

2. Jetzt können Sie die Beschreibung ändern, Hashtags auswählen, Personen erwähnen, einen Standort eintragen oder auch das Titelbild des Videos ändern. Die anderen Optionen auf dem Bildschirm, auf dem Sie eine neue Videobeschreibung festlegen, können nicht geändert werden.
3. Tippen Sie anschließend auf *Speichern*, um die Änderungen zu sichern.

Wiedergabelisten

Wiedergabelisten bieten die Möglichkeit, Videos nicht nur nach Themen zu sortieren, sondern auch eine Abspielreihenfolge festzulegen. Alle Videos einer Wiedergabeliste können automatisch hintereinander abgespielt werden.

Die Funktion, Wiedergabelisten zu erstellen, steht auf der Profilseite im Reiter *Videos* bis jetzt erst wenigen TikTokern zur Verfügung, vor allem denen, die sehr viele Videos veröffentlicht haben.

Wiedergabelisten werden den Besuchern auf einem Profil auf dem Reiter *Videos* oberhalb der Videos angezeigt. Tippen Sie auf eine Wiedergabeliste, sehen Sie dort alle darin enthaltenen Videos. Tippen Sie auf das erste Video, werden alle Videos der Wiedergabeliste automatisch hintereinander abgespielt.

Wiedergabeliste anzeigen

Livestreams

Mit einem TikTok-Livestream gehen Sie live »auf Sendung«. Diese Videos werden nicht vorproduziert, sondern in Echtzeit gestreamt.

Während des Livestreams können Sie mit den Zuschauern chatten. Der Chat ist für alle Betrachter des Livestreams öffentlich zu sehen.

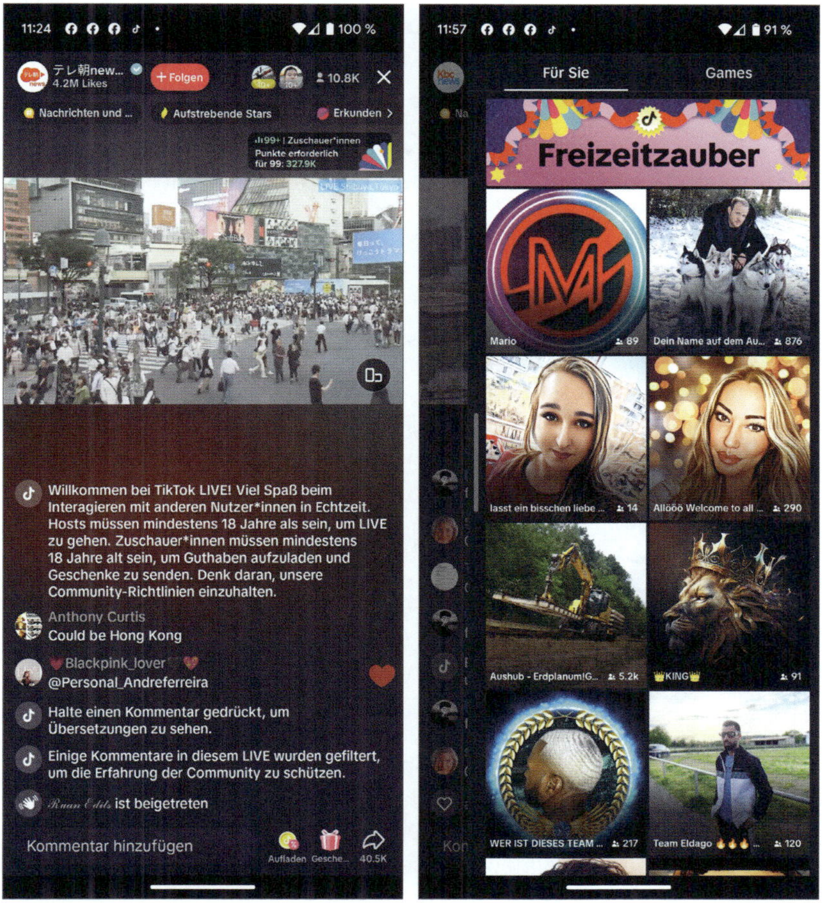

Links: laufender Livestream, rechts: Livestreams erkunden

Voraussetzungen für Livestreams

Vor dem ersten Livestream muss das Profil dafür freigeschaltet werden. Auf TikTok kann man erst einen Livestream senden, wenn das Profil mindestens 1.000 Follower hat.

Das Symbol *LIVE* links oben zeigt aktuelle Livestreams, die Sie wie Videos mit einer Wischbewegung durchscrollen können. Zusätzlich werden Livestreams mit einem auffälligen Symbol auf den Profilen angezeigt.

Das **x**-Symbol oben rechts schaltet wieder zurück auf die Seite *Für dich*. Das Symbol *Erkunden* darunter blendet eine Seitenleiste mit interessanten, gerade laufenden Livestreams ein.

Videos in eigene Webseiten einbetten

Wer eine eigene Webseite betreibt und dort ein Video zeigen möchte, kann dies einfach auf TikTok hochladen und in die eigene Seite einbetten. Da das wesentlich einfacher funktioniert, als selbst Videoplayer auf dem eigenen Webserver einzurichten, hat diese Methode auch zum großen Erfolg von TikTok beigetragen. Umgekehrt kann man über die Videobeschreibungen Besucher von TikTok auf die eigene Webseite leiten.

+++ SO GEHT ES AUF DEM PC +++

Die HTML-Codes zum Einbetten von Videos lassen sich nur auf dem PC erstellen.

Spielen Sie das Video auf dem PC im Vollbildmodus ab und klicken Sie auf das Symbol *Einbetten*. Jetzt öffnet sich ein neues Fenster mit einem HTML-Code, den Sie direkt in den Quellcode Ihrer Webseite übertragen. Die im Code angezeigte Videobeschreibung können Sie bei Bedarf ändern oder auch den Hinweis zum Ton weglassen. Den restlichen Code sollten Sie nicht verändern, damit die Funktion gewährleistet bleibt.

Ein Besucher sieht das Video direkt auf Ihrer Webseite, ohne TikTok öffnen zu müssen. Ein Klick auf das Video führt zu TikTok.

So werde ich erfolgreicher TikToker

Welcher TikTok-Kanal erfolgreich wird und welcher nicht, hängt von vielen Faktoren ab. Gleich vorweg: Eine Musterlösung gibt es nicht.

Gute Inhalte

Ein wichtiges, wenn nicht gar das allerwichtigste Kriterium für einen erfolgreichen TikTok-Kanal sind die Inhalte. Gute Videos sind bei den Zuschauern beliebt, werden gelikt und geteilt. Tauchen auch nur ein paar schlechte Videos auf dem Kanal auf, werden gleich einige Besucher abspringen. Dazu gehört es natürlich auch, dass die Videos zum Thema passen. Ein Kanal mit bunt gemischten Inhalten wird nicht so viele Abonnenten finden wie ein Kanal, der sich möglichst informativ und professionell oder auch einfach unterhaltsam mit einem Thema auseinandersetzt.

Der Inhalt eines Videos muss für möglichst viele Menschen relevant sein, damit sich auch möglichst viele Menschen dieses Video ansehen. Da es bei TikTok sehr leicht ist, von einem Video zum nächsten zu wischen, werden Besucher Videos mit langweiligen Stellen nie zu Ende ansehen. Da TikTok die Videos danach bewertet, wie oft und wie lange sie betrachtet wurden, sollte jedes Video vom Anfang bis zum Ende interessant sein und den Benutzer sofort fesseln.

Schreiben Sie sinnvolle Videobeschreibungen, die die Zielgruppe ansprechen und sich auf den Inhalt des Videos beziehen – keine Standardtexte ohne Aussage. Korrekte Rechtschreibung und Grammatik sollten selbstverständlich sein.

Um die Zielgruppe passend anzusprechen, muss man diese Zielgruppe natürlich kennen. Dazu ist es wichtig zu wissen, ob vorrangig Kunden der eigenen Firma die Videos ansehen oder zufällige Besucher auf TikTok oder welche, die von anderen sozialen Netzwerken weitergeleitet werden, die Videos entdecken und dann möglicherweise zu Kunden werden oder auch nur die Videos weiter im Internet teilen und damit den Kanal bekannt machen. Die Ansprache der Nutzer in den Videos muss der Zielgruppe entsprechend angepasst sein. So erwarten Jugendliche etwas ganz anderes als professionelle Firmenkunden und Entscheidungsträger in den Chefetagen.

Regelmäßig neue Videos in gleichbleibend guter Qualität

Nutzer erwarten Regelmäßigkeit. Das betrifft nicht nur das Design. Ein Kanal, der täglich neue Videos veröffentlicht, sollte dies auch langfristig täglich beibehalten und nicht nur die ersten paar Wochen. Nutzer werden andernfalls schnell wieder abspringen. Natürlich reicht es auch, einmal pro Woche ein Video zu veröffentlichen. Auch solche Kanäle haben ihre begeisterten Fans, die allerdings unruhig werden, wenn auf einmal jeden Tag ein Video erscheint oder auch monatelang gar nichts. Haben Sie nicht mehr die Zeit, regelmäßig Videos zu veröffentlichen, und lässt daher die Qualität nach, merken die Nutzer das sofort, was Ihren Kanal sicher einige Abos kostet.

Konsistentes Design

Ein gutes Design kann auch dazu beitragen, dass Menschen sich die Videos gern ansehen. Dazu gehört auch eine Corporate Identity, ein gewisser Wiedererkennungswert, der einerseits zum Stil und Design der eigenen Firma passt, aber auch konsequent durch alle Videos des Kanals geht. So sollten besonders die Titelbilder, die in den Listen bei TikTok auftauchen, so gestaltet sein, dass man schon, ohne das Video zu sehen, es sofort in Verbindung mit Ihrem Kanal bringt. Verwenden Sie also ein möglichst gleichmäßiges Design für alle Videos und besonders für die Titelbilder.

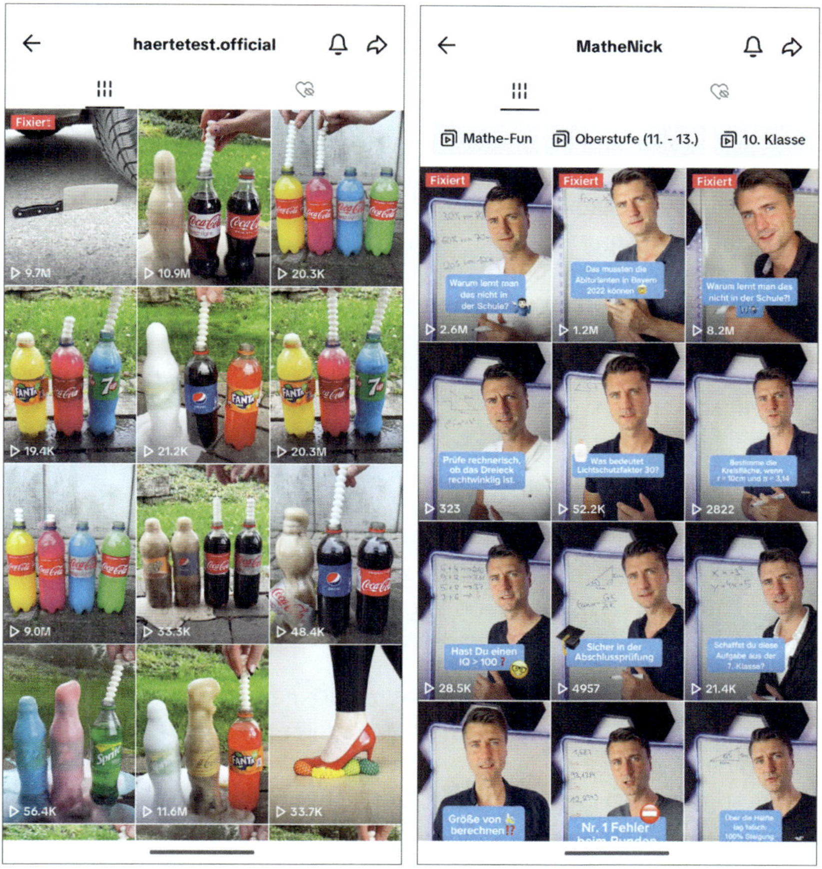

Videos beliebter TikTok-Kanäle in Deutschland sind durch konsistentes Design, zumindest der Titelbilder, deutlich wiederzuerkennen.

Interaktion mit den Benutzern

Der wichtigste Unterschied zwischen TikTok und einfachen Video-on-Demand-Portalen ist die Interaktion mit den Nutzern. Lesen Sie als TikToker aufmerksam alle Kommentare und beantworten Sie zumindest die wichtigen. Bleiben Sie dabei sachlich und schlichten Sie mögliche Streitereien zwischen Kommentatoren.

TikTok zeigt neue Videos am Anfang nur wenigen Besuchern auf deren *Für dich*-Seiten an. Bekommt ein Video Likes und Kommentare, wird es immer weiter hochgestuft und damit mehr Besuchern vorgeschlagen.

Manche TikToker sind dazu übergegangen, die Kommentarfunktion unter ihren Videos zu sperren, wenn zu viele Hassreden oder Trolle dort auftauchen. Allerdings sollte dies erst der letzte Schritt sein, wenn es nicht mehr möglich ist, die Kommentare in sachliche Bahnen zu lenken. Ohne Kommentarfunktion erfahren Sie nichts von Ihren Nutzern und sehen höchstens an den Likes, ob Ihr Video bei der Zielgruppe auch ankommt. Kommentare sind auf TikTok, wie in allen sozialen Netzwerken, ein wichtiges Instrument, um mit den Nutzern zu kommunizieren und Nutzermeinungen wahrzunehmen.

Hashtags

Hashtags sind ein wichtiges Element in allen sozialen Netzwerken, Videos und sonstige Beiträge zielgerichtet zu finden. Hashtags werden zusammen mit der Videobeschreibung angezeigt. Tippt ein Benutzer auf einen Hashtag, erscheinen passende Videos.

Theoretisch können Sie beim Veröffentlichen eines Videos beliebige Hashtags erfinden, was allerdings keinen Sinn ergibt, da andere nur nach beliebten Hashtags suchen. Firmen oder Organisationen erfinden manchmal eigene Hashtags für ihre Werbung, die nicht unbedingt etwas mit dem Firmennamen zu tun haben müssen. Über solche Hashtags lassen sich Werbekampagnen steuern, indem man versucht, Nutzer sozialer Netzwerke dazu zu überreden, den eigenen Hashtag in ihren Videobeschreibungen oder einfach nur in Kommentaren zu nutzen. Damit lässt sich später die Reichweite einer Werbekampagne ermitteln.

Kanalname

Wichtig ist auch der Kanalname. Er muss einprägsam sein und von jedem, auch von unbedarften Zuschauern, sofort in Verbindung mit dem Inhalt des Kanals, der eigenen Firma oder einem Produkt gebracht werden können. Natürlich muss der Kanal auch gut verlinkt sein, damit nicht nur Besucher von TikTok die Videos zufällig entdecken, sondern auch Besucher von anderen Social-Media-Plattformen den Weg zu TikTok finden.

Umgekehrt sollte in den Videobeschreibungen – wie auch in der Kanalbeschreibung – die eigene Webseite oder der Blog verlinkt sein. Weiterhin können Sie auch Ihre anderen Social-Media-Profile wie Facebook, YouTube oder Instagram verlinken. Das macht es auch zufälligen Besuchern leichter, weitere Informationen zur Firma zu bekommen oder auch frei nach Belieben Ihre Inhalte über soziale Netzwerke zu teilen.

Besser gefunden werden

Videos werden nur angesehen, wenn die möglichen Zuschauer sie auch auf TikTok finden. Dazu sind ein paar wichtige Dinge zu beachten.

- Interessante und aussagekräftige Titelbilder. Sie sehen die Benutzer, bevor sie das Video aufrufen in Listen, Vorschlägen und Suchergebnissen.
- Interessante erste Wörter der Titel. In den Vorschlagslisten sind Titel nur unvollständig zu sehen.
- Wichtige Suchbegriffe (Keywords) in der Videobeschreibung.
- Wichtige Hashtags in der Videobeschreibung.

Deutsch oder Englisch?

Viele deutsche TikToker stellen sich die Frage: Soll man Videos auf Deutsch oder auf Englisch machen? Sprechen Sie die Sprache Ihrer Zielgruppe. Das betrifft einerseits die Auswahl, ob Deutsch oder Englisch, andererseits auch die Wortwahl und typische Ausdrucksweisen. In jedem Fall können Sie sprachliche Feinheiten in der Muttersprache immer besser nutzen als in einer Fremdsprache, die nur die wenigsten wirklich akzentfrei beherrschen.

Aktuelle Sprachtrends, besonders in der Jugendsprache, bekommt man in einem anderen Land immer erst später mit. Da TikTok im Wesentlichen von

Jugendlichen genutzt wird, empfiehlt es sich, die Videos auf Deutsch zu produzieren.

Haben Sie internationale Abonnenten, denken Sie immer daran, dass auch diese wissen, in welchem Land Sie leben. Bei deutschsprachigen Videos wundern sich Franzosen über die seltsame Sprache, bei englischsprachigen dagegen belächeln Briten das schlechte Englisch.

Wenn Sie Firmenvideos für ein internationales Publikum produzieren, engagieren Sie einen muttersprachlichen Sprecher.

Unabhängig davon können Sie Videobeschreibungen in mehreren Sprachen veröffentlichen.

Was man nie tun sollte

- **Zu viele oder zu wenige Videos** – Veröffentlichen Sie nicht zu oft neue Videos, wenn Sie diese Taktzahl langfristig nicht halten können. Wenn Sie mal viel Zeit und Ideen haben, produzieren Sie lieber Videos vor, die dann nach und nach veröffentlicht werden.
- **Immer die gleichen Hashtags** – Verwenden Sie nicht in jedem Video ziellos die gleichen Hashtags. Sie sollten auf jeden Fall zum Video passen und nicht einfach sinnfrei angehäuft werden.
- **Wasserzeichen** – In vielen Fällen werden Sie das gleiche Video auf mehreren Plattformen hochladen. Laden Sie immer das Original hoch, ohne Wasserzeichen und ohne Metadaten von anderen Plattformen. TikTok erkennt diese Wasserzeichen und stuft das Video herunter, zeigt es also anderen auf der *Für dich*-Seite nicht an.
- **Mitbewerber** – Verwenden Sie keine Hashtags, die eindeutig einem Mitbewerber zuzuordnen sind. Das mag ein Versuch sein, Besucher von Mitbewerberkanälen anzulocken. Diese werden den faulen Trick schnell merken und Ihrem Kanal für immer den Rücken kehren.
- **Bilder oder Videos von anderen** – Veröffentlichen Sie nur Material, an dem Sie das Urheberrecht haben. Sie können Videos zitieren, das aber deutlich auch so kennzeichnen. TikTok macht dies mit *Duett* und *Stitch* leicht möglich. Profis fragen die betroffenen TikToker immer zuvor kurz um Erlaubnis.

- **Übermäßig viele Kanäle abonnieren** – Manche TikToker, besonders Firmen, abonnieren wahllos unzählige Kanäle und erhoffen sich damit, dass diese sie ebenfalls abonnieren. Kurz danach werden sie meistens wieder aus den Abonnenten entfernt. Dieses unseriöse Verhalten werden aber viele Nutzer bemerken, was dann ein schlechtes Bild auf die betreffende Firma in der Community wirft.
- **Bots und Scripts** – Im Internet findet man verschiedene Bot-Apps oder Skripte, die automatisch Videos liken oder gar Kommentare veröffentlichen. Allerdings sind solche Kommentare leicht als Fake zu erkennen, und die betroffenen TikToker werden dem Kommentator nicht mehr folgen und ihn möglicherweise sogar blockieren.

Creator Tools

Unter dem Menüpunkt *Creator Tools* fasst TikTok verschiedene Hilfsmittel zusammen, um es Kanalbetreibern einfacher zu machen, ihre Zielgruppe zu erreichen.

Business-Konten

Viele der Profi-Tools auf TikTok funktionieren nur mit sogenannten Business-Konten, früher auch als Pro-Konten bezeichnet. Anders als der Name vermuten lässt, sind diese Konten ebenfalls kostenlos.

Die Umstellung lässt sich in wenigen Schritten erledigen:

1. Wählen Sie in den TikTok-Einstellungen unter *Konto* die Option *Zum Business-Konto wechseln.*
2. Nach einigen Informationsbildschirmen wählen Sie eine Kategorie für Ihr TikTok-Profil und tragen Ihre E-Mail-Adresse ein, die zur Kommunikation mit TikTok verwendet werden soll. Dies muss nicht die gleiche E-Mail-Adresse sein, mit der das TikTok-Konto angelegt wurde.
3. Danach stehen Analyse-Tools und andere Businessfunktionen zur Verfügung.

Kanäle mit mehreren Personen verwalten

Große TikTok-Kanäle werden von mehreren Personen – oft auch einer Agentur – verwaltet, da einer allein die ganze Arbeit nicht mehr schaffen kann. Im Gegensatz zu YouTube und anderen Portalen bietet TikTok keine Möglichkeit, weitere Personen als Administrator oder Mitarbeiter einzuladen.

Legen Sie ein TikTok-Konto an, für das alle Mitarbeiter die Zugangsdaten kennen. Sie können problemlos mehrere TikTok-Konten auf einem Smartphone oder auch einem PC nutzen.

TikTok-Analyse – Infos für Kanalbetreiber

TikTok liefert in den *Einstellungen* auf der Seite *Analyse* ausführliche Analysen über die Aktivitäten auf dem eigenen Kanal. Im Bereich *Inhalt* finden Sie alle Ihre Videos und können zu jedem einzeln sehen, wie oft es angesehen, gelikt, kommentiert, weitergeleitet und als Favorit gespeichert wurde. Eine Kurve zeigt die Videoaufrufe über einen längeren Zeitraum. Die meisten Videos werden sofort nach Veröffentlichung angesehen, weil sie anderen Benutzern auf deren *Für dich*-Seite vorgeschlagen werden. Danach brechen die Besucherzahlen stark ein.

Neben der absoluten Zahl der Aufrufe ist auch die durchschnittliche Wiedergabedauer interessant sowie der Anteil der Benutzer, die das Video im Ganzen gesehen haben oder eher zwischendurch abgebrochen, also irgendwann das Interesse verloren haben. Die Anzahl der neuen Follower, die Sie durch ein Video gewonnen haben, kann darauf hindeuten, ob dieses Video besonders interessant ist. Leider erscheinen einige Daten erst deutlich zeitverzögert in der Analyse, wenn das Video schon längst an Aktualität verloren hat, sodass Sie nicht immer durch Kommentare oder Teilen noch auf den Erfolg eines Videos direkt Einfluss nehmen können.

Wenn Sie selbst ein eigenes Video betrachten, sehen Sie ganz unten die Anzahl der Aufrufe. Tippen Sie auf *Mehr Daten*, kommen Sie direkt zu den Analysedaten für dieses Video.

TikTok Creator Portal

Das *TikTok Creator Portal* ist eine interaktive Lernplattform mit Tipps vom Start bei TikTok bis zum professionellen Creator, der mit seinen Videos gutes Geld verdient. Das *TikTok Creator Portal* ist nur auf Englisch verfügbar und in der App bei den *Creator Tools* verlinkt. Sie können die Texte und Videos auch auf dem PC im Browser unter www.tiktok.com/creators/creator-portal betrachten. Für deutsche Nutzer bietet TikTok einen eigenen Kanal @ **tiktok_deutschland** mit Videos zu interessanten TikTok-Funktionen.

Links: *TikTok Creator Portal*, rechts: *deutschsprachiger @tiktok_deutschland*

Fragen und Antworten

F&A (Frage und Antwort) ist eine interessante Möglichkeit, mit den Besuchern zu kommunizieren, die die eigenen Videos ansehen. Die Möglichkeit, eigene Fragen zu stellen, ist zurzeit noch Business-Konten vorbehalten.

1. Fügen Sie in einem neuen Video den Sticker *Fragen* ein oder nutzen Sie das Symbol *F&A* und formulieren dann eine Frage.
2. Die Frage erscheint automatisch auch in der Videobeschreibung und ist für jeden zu sehen, der das Video ansieht.

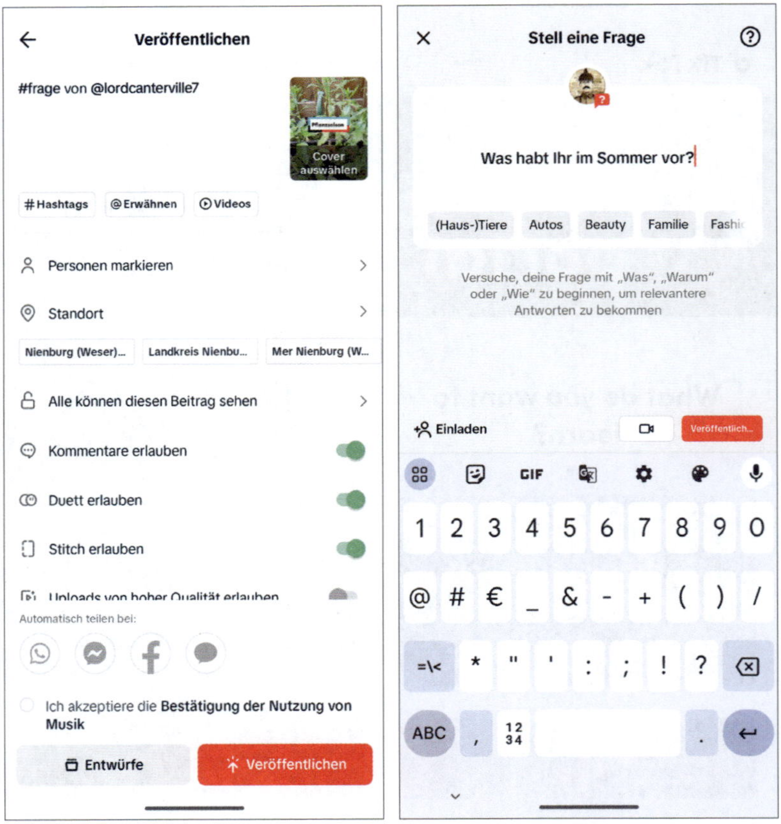

Video mit Frage veröffentlichen und Frage im Bereich Frage & Antwort stellen

3. Beim Veröffentlichen des Videos können Sie auch gezielt Freunde einladen, die Frage zu beantworten.
4. Die Frage kann in den Kommentaren oder auch direkt mit einem Video beantwortet werden.
5. Ein Link *Fragen & Antworten* auf der eigenen Profilseite und in den *Creator Tools* zeigt alle gestellten Fragen und eingegangenen Antworten. Hier können Sie auch direkt neue Fragen stellen. Auf dem Reiter *Vorgeschlagen* finden Sie öffentliche Fragen mit vielen Antworten.

Was braucht man an Hardware?

Heute kann jedes Smartphone Videos aufnehmen. Wer aber nicht möchte, dass Besucher des eigenen Kanals bereits nach wenigen Minuten vor Schreck wieder abspringen, sollte nicht nur auf inhaltliche, sondern auch auf technische Qualität bei den Videos achten. Sie brauchen nicht unbedingt eine professionelle Videokamera, TikTok lebt von spontanen Smartphone-Videos. Mit etwas Zusatzausstattung kann auch ein Smartphone Videos in brauchbarer Qualität aufzeichnen.

Webcam

Fast jedes Notebook enthält eine eingebaute Webcam, die sich außer für Videotelefonie auch für TikTok-Videos eignet, bei denen man wie ein Nachrichtensprecher im Fernsehen selbst Kommentare oder Erklärungen in die Kamera spricht. Das wird gern bei Live-Präsentationen von Computerspielen in TikTok LIVE verwendet. Für PCs gibt es Webcams mit USB-Anschluss, die eine deutlich bessere Qualität liefern. Diese Webcams werden auf einem Stativ montiert, mit einer Klemme am oberen Monitorrand befestigt oder mit einer Schraubzwinge am Tisch oder einem anderen stabilen Gegenstand.

USB-Webcam für den PC (Foto: www.pearl.de)

Die Kameras enthalten in den meisten Fällen auch Mikrofone, sodass Sie nicht unbedingt ein extra Mikrofon benötigen. Allerdings liefern spezielle Mikrofone zur Sprachaufzeichnung deutlich bessere Sprachqualität und reduzieren Hintergrundgeräusche. Unterwegs sind Ansteckmikrofone an der Kleidung nützlich, die durch ihre spezielle Audiocharakteristik die eigene Sprache klarer aufzeichnen als Hintergrundgeräusche.

USB-Webcams benötigen unter Windows 10 und 11 keine spezielle Software mehr. Der notwendige Gerätetreiber wird beim ersten Anschließen automatisch installiert. Die Kamera taucht in den *Einstellungen* von Windows 11 unter *Bluetooth und Geräte/Kameras* mit einem eigenen Symbol auf.

Die Kamera in den Einstellungen von Windows 11

Zusätzlich zum Treiber müssen in Windows die Apps, die die Kamera nutzen dürfen, dafür freigegeben werden. Auf diese Weise wird verhindert, dass ein bösartiges oder eigentlich zu anderen Zwecken genutztes Programm dafür verwendet werden kann, heimlich mit der Kamera zu spionieren.

Klicken Sie dazu in den Kamera-Einstellungen auf *Datenschutzeinstellungen für Kamera*. Hier können Sie die Kamera für alle Apps blockieren. Wenn der Kamerazugriff zugelassen ist, können Sie immer noch entscheiden, welche Apps die Kamera nutzen dürfen und welche nicht. Bei klassischen

Programmen können Sie den Zugriff auf die Kamera nur global zulassen oder sperren, Berechtigungen für einzelne Programme sind hier nicht möglich.

Achten Sie darauf, dass in den *Einstellungen* die App *Kamera* freigegeben ist. Zum Testen der Webcam wird diese App in Windows 11 nicht mehr benötigt, da die *Einstellungen* jetzt das Bild der Kamera anzeigen.

Mit der Kamera-App können Sie auch einfache Videos aufzeichnen. Funktionen zur Videobearbeitung gibt es aber nicht.

Beleuchtung

Die beste Kamera bringt nichts, wenn die Beleuchtung schlecht ist. Vor allem, wenn Sie in Innenräumen filmen, um zum Beispiel Erklärvideos für irgendwelche technischen Gegenstände zu machen, ist eine blendfreie Beleuchtung wichtig, die keine Reflexionen an metallischen oder glatten Kunststoffoberflächen produziert und auch keine Schlagschatten wirft.

Sogenannte Softboxen leuchten die Szene gleichmäßig aus. Dabei handelt es sich um LED-Scheinwerfer, die durch ein weißes Tuch hindurch strahlen und so ein weiches Licht abgeben – ohne Schlagschatten und Reflexionen. Verwenden Sie diese Softboxen am besten paarweise und leuchten Sie die Szene von beiden Seiten aus, um asymmetrische Helligkeitsverläufe zu vermeiden.

Softbox für gleichmäßige Beleuchtung (Foto: www.pearl.de)

Greenscreen

Möchten Sie in einem Video wie ein professioneller Nachrichtensprecher eine Übersichtskarte, Statistiken oder einen Studiohintergrund zeigen oder von einem anderen Ort der Welt mit einem eingespielten Videohintergrund berichten, ohne jemals vor Ort gewesen zu sein, verwenden Sie einen Greenscreen.

Dabei handelt es sich um einen gleichmäßig grün gefärbten Stoff, der möglichst faltenfrei im Hintergrund aufgespannt und mit gefilmt wird. In der Videoschnittsoftware kann der Farbton, der sonst in der Szene – besonders auf Ihrer Kleidung – nicht vorkommen darf, transparent dargestellt werden, damit Sie ein Bild oder auch ein Video als Hintergrund dahinterlegen können.

Stativ

Ganz wichtig: Filmen Sie nie aus der freien Hand. Die leichten Wackelbewegungen, die man selbst beim Filmen kaum wahrnimmt, lösen bei vielen Betrachtern Schwindelgefühle oder Kopfschmerzen aus. Montieren Sie Ihre Kamera immer auf einem Stativ. Generell ist gegen Smartphones als Kameras nichts zu sagen, solange diese mit einer entsprechenden Halterung auf einem Stativ montiert sind. Für Reportagen unterwegs reicht oft schon ein Einbeinstativ, um die Kamera ruhig zu halten.

Gimbal

Wer von unterwegs mit dem Smartphone berichten möchte, sollte das Smartphone auf einem Gimbal montieren. Diese Stabilisatoren fangen ruckartige Bewegungen ab. Damit ist eine Smartphone-Aufnahme aus der Hand für andere Benutzer viel entspannter anzusehen.

Bedienelemente im Handgriff ermöglichen Start und Stopp des Videos, Wechsel zwischen Hauptkamera und Frontkamera wie auch Zoom. Einige Gimbals nutzen die eingebauten Motoren nicht nur zum Ausgleich ungewollter Bewegungen, sondern ermöglichen auch gezielte gleichmäßige Schwenks, ebenso wie die Verfolgung von Gesichtern oder bewegten Objekten.

Viele Gimbals enthalten im Handgriff eine Powerbank, um das Smartphone unterwegs auch aufzuladen.

Gimbal, Drei-Achsen-Hand-Stabilisator für Smartphones (Foto: www.pearl.de)

TikTok-Community-Richtlinien

Beim Hochladen von Videos müssen die von TikTok veröffentlichten Community-Richtlinien beachtet werden. Die wichtigsten Richtlinien sind klar dokumentiert, die tatsächliche Auslegung dieser Richtlinien variiert allerdings von Fall zu Fall. Deutschsprachige TikToker berichten deutlich weniger von willkürlicher Zensur, als es bei deutschsprachigen YouTubern der Fall ist.

TikTok entfernt Inhalte, die gegen die Community-Richtlinien verstoßen, und behält sich vor, Konten bei schweren Verstößen komplett zu sperren. Videos, die für nicht jugendfrei befunden werden, kommen mit einer Altersbeschränkung, sodass sie nur von Erwachsenen (18 Jahre oder älter) angesehen werden können.

Videos, die anderen Nutzern auf der *Für dich*-Seite automatisch vorgeschlagen werden, müssen besondere Voraussetzungen erfüllen, damit sie für eine breite Zielgruppe geeignet sind.

TikTok veröffentlicht diese Commmunity-Richtlinien ganz klar, auch ohne dass die Anmeldung mit einem TikTok-Konto nötig ist: www.tiktok.com/community-guidelines

5. Tipps und Einstellungen für TikTok

Tippen Sie auf der Seite *Profil* der TikTok-App oben rechts auf das Menüsymbol, erscheint ein Menü mit drei Optionen. Der Menüpunkt *Einstellungen und Datenschutz* führt zu den Einstellungen der TikTok-App.

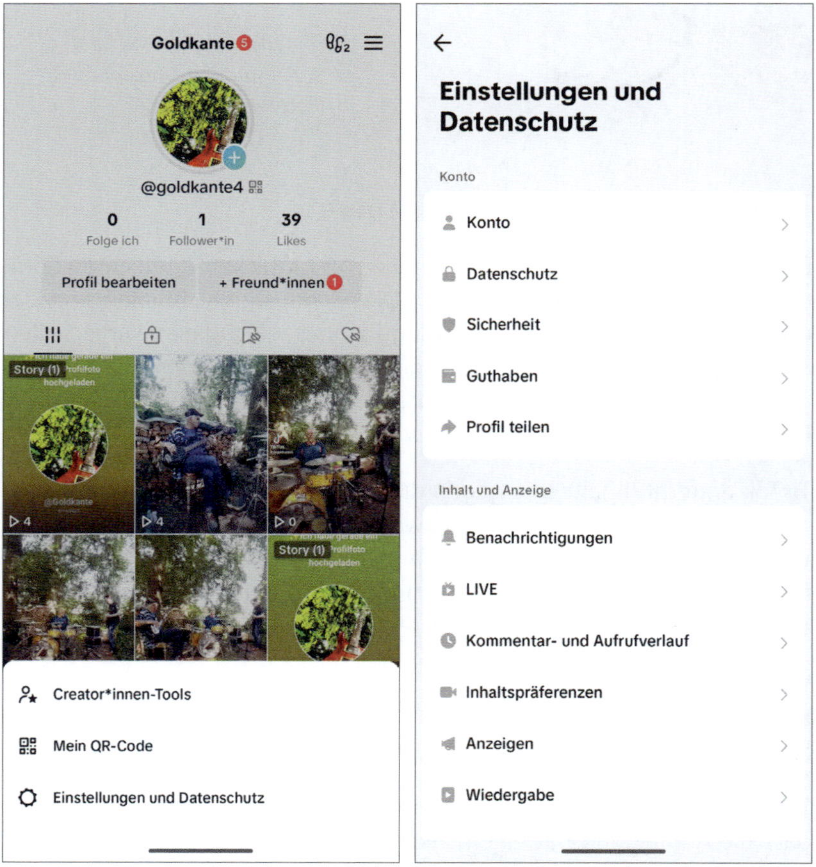

Einstellungen der TikTok-App

Dunkles Design nur auf dem PC

Der helle Bildschirm strengt die Augen an, zudem lässt sich besonders auf OLED-Displays mit heller Schrift auf dunklem Hintergrund erheblich Strom sparen. Die TikTok-App für Android unterstützt bis jetzt das dunkle Design nicht, auch wenn es auf dem Smartphone als Standard eingestellt ist.

In der TikTok-App auf dem PC klicken Sie auf Ihr Profilbild oben rechts. Im Menü können Sie jetzt den dunklen Modus auswählen.

Benachrichtigungen aus TikTok

TikTok kann bei verschiedenen Ereignissen benachrichtigen und einen Ton erklingen lassen. Außerdem kann die LED des Smartphones leuchten. Dazu muss das Smartphone LED-Benachrichtigungen unterstützen, was bei den meisten modernen Geräten der Fall ist.

In den Einstellungen der TikTok-App unter *Benachrichtigungen* können Sie genau festlegen, bei welchen Ereignissen TikTok über die Push-Benachrichtigungen des Betriebssystems benachrichtigen soll, auch wenn die App gerade nicht im Vordergrund läuft. Die Zeile *In-App-Benachrichtigungen* ganz oben bietet eine zusätzliche Auswahl verschiedener Benachrichti-

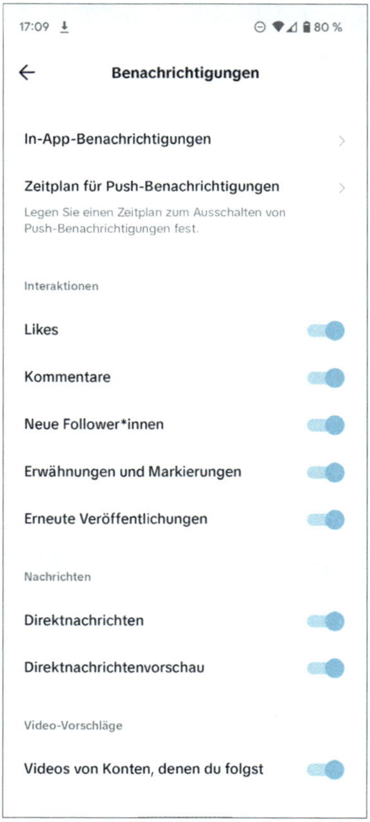

Benachrichtigungseinstellungen der TikTok-App

gungskategorien, die innerhalb der App im Posteingang als Benachrichtigung erscheinen sollen.

Um nachts nicht von TikTok-Benachrichtigungen belästigt zu werden, können Sie einen Zeitplan festlegen, wann die Push-Benachrichtigungen ausgeschaltet bleiben sollen. Natürlich können Sie auch über den Bitte-nicht-stören-Modus des Betriebssystems TikTok-Benachrichtigungen in der Nacht stummschalten.

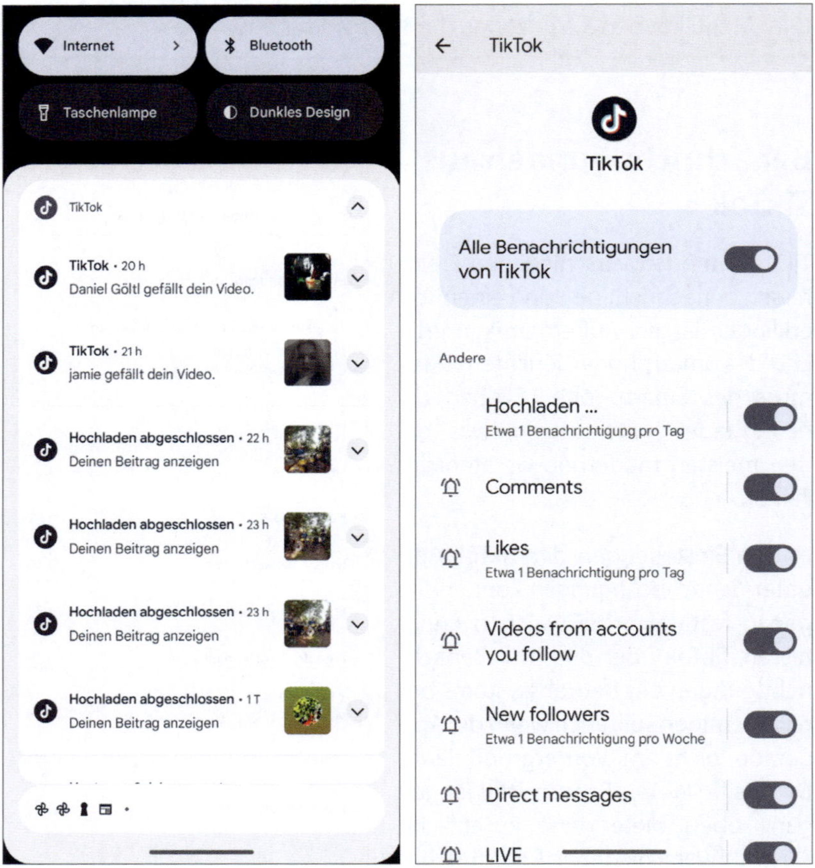

Links: Neue TikTok-Benachrichtigungen, rechts: Benachrichtigungsoptionen für TikTok in den Systemeinstellungen

Zusätzlich kann TikTok auch per E-Mail benachrichtigen. Die meisten E-Mails haben eher Werbecharakter. Auch hier können Sie auswählen, ob und welche E-Mails Sie erhalten möchten.

Welche Benachrichtigungen Sie wirklich sehen möchten und wie sie dargestellt werden sollen, können Sie in den Android-Systemeinstellungen unter *Benachrichtigungen/App-Einstellungen/TikTok* sehr detailliert festlegen. Schalten Sie hier die gewünschten Benachrichtigungskanäle ein oder aus.

Tippen Sie auf eine dieser Benachrichtigungskategorien, können Sie noch festlegen, ob diese Benachrichtigungen als Banner auf dem Bildschirm aufpoppen sollen oder nicht und ob sie als Standardbenachrichtigung mit Text und Signal oder lautlos nur als Symbol in der unteren Zeile der Benachrichtigungen erscheinen sollen.

Eingehende TikTok-Benachrichtigungen werden in der Benachrichtigungsleiste oben links, ähnlich wie eingehende E-Mails oder WhatsApp-Nachrichten, angezeigt. Ziehen Sie die Nachrichtenleiste herunter, um den Inhalt der Nachricht anzuzeigen. Tippen Sie darauf, wird TikTok direkt mit dem Posteingang gestartet.

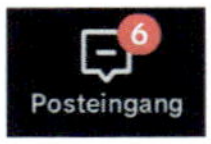

Innerhalb der TikTok-App finden Sie die Benachrichtigungen über das *Posteingang*-Symbol unten.

Benachrichtigungspunkt

Bei ungelesenen Mitteilungen oder verpassten Ereignissen zeigt das TikTok-Symbol auf dem Startbildschirm einen sogenannten Benachrichtigungspunkt. Möchten Sie den nicht sehen, können Sie ihn in den Android-Einstellungen unter *Benachrichtigungen/App-Benachrichtigungspunkt anzeigen* abschalten.

TikTok verwendet ähnliche Benachrichtigungspunkte auch innerhalb der App. Bereiche, in denen es Neuigkeiten gibt, werden mit einem roten Punkt und einer Zahl gekennzeichnet.

+++ SO GEHT'S AUF DEM IPHONE +++

Die Einstellungen für Benachrichtigungen finden Sie in den TikTok-Einstellungen. Unterschiedliche Prioritäten für Benachrichtigungen gibt es auf dem iPhone nicht. In den iOS-Einstellungen unter *Mitteilungen* legen Sie für jede App fest, ob Mitteilungen auf dem Sperrbildschirm, in der Mitteilungsliste oder als Banner angezeigt werden. Die TikTok-App erscheint wie alle Apps erst in dieser Liste, nachdem Sie innerhalb der App die Benachrichtigungen zugelassen haben.

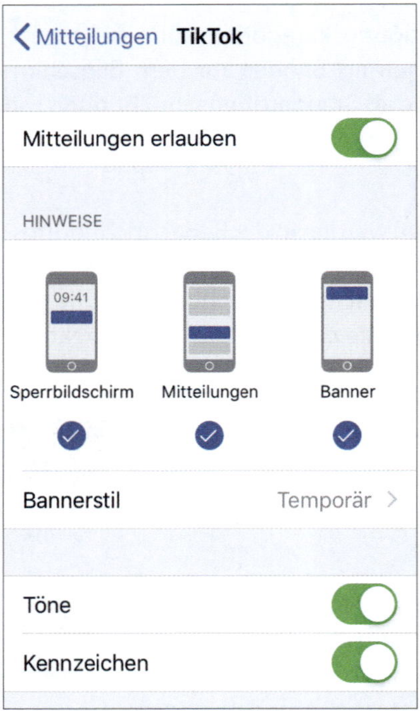

App-Shortcuts und Widgets

TikTok unterstützt die sogenannten App-Shortcuts. Hier erscheinen wichtige Funktionen der App als Symbole, wenn Sie auf dem Startbildschirm oder in der App-Liste länger auf die TikTok-App tippen.

1. Tippen Sie auf eines dieser Symbole, wird direkt die jeweilige Funktion aufgerufen, in TikTok die Benachrichtigungen oder die Kamera, um direkt ein Video aufzunehmen.
2. Ziehen Sie eines der Symbole auf den Startbildschirm, können Sie es dort einfach wie ein App-Symbol antippen, um die jeweilige Funktion von TikTok aufzurufen. Das Symbol lässt sich wie jedes andere App-Symbol frei verschieben oder auch wieder entfernen.
3. Zusätzlich bietet TikTok noch verschiedene Widgets für den Startbildschirm an, die angesagte Trends oder Storys von Freunden anzeigen. Das große Widget bietet ein Suchfeld, in dem auch gleich ein aktueller Suchtrend vorgeschlagen wird, sowie Buttons für wichtige TikTok-Funktionen an.

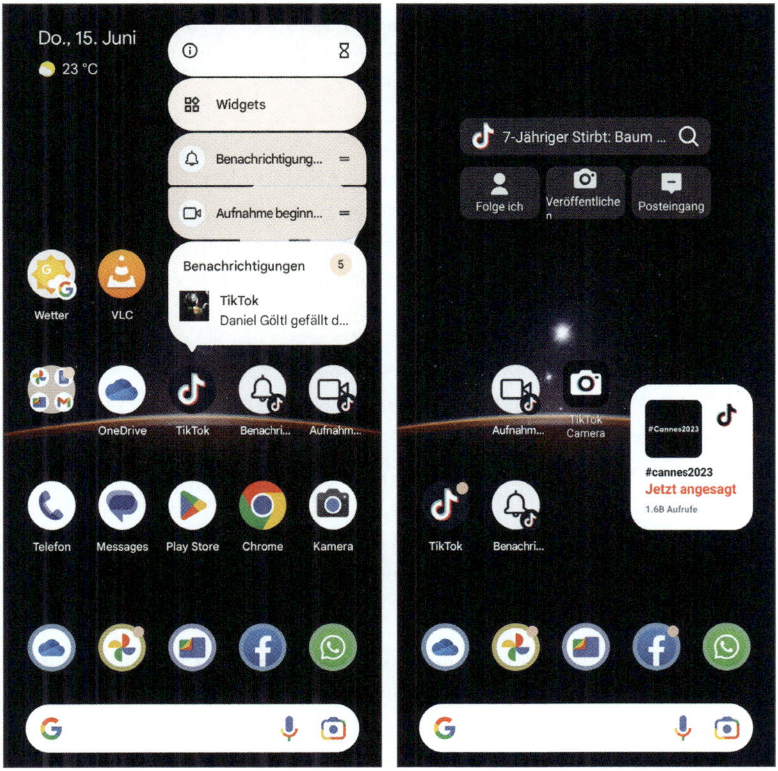

App-Shortcuts und Widgets der TikTok-App auf dem Startbildschirm

+++ SO GEHT'S AUF DEM IPHONE +++

App-Shortcuts sind auf dem iPhone nicht verfügbar.

Daten sparen

TikTok unterwegs zu nutzen, verbraucht sehr viel Datenvolumen. Um nicht schnell an die Grenzen der gebuchten Mobilfunk-Flatrate zu kommen, empfiehlt es sich, ein paar Einstellungen zu bedenken.

Datenverbrauch von TikTok

Bei durchschnittlicher Nutzung verbraucht TikTok ungefähr 70 MB in fünf Minuten, was etwa 840 MB pro Stunde entspricht. Die meisten typischen Mobilfunk-Flatrates sind damit nach sehr wenigen Stunden im Monat aufgebraucht.

Am besten nutzen Sie TikTok nur im WLAN und nicht über Mobilfunk. Der *Datensparer* in den TikTok-Einstellungen bietet eine Möglichkeit, erheblich Daten zu sparen, indem die Qualität der abgespielten Videos leicht gesenkt wird. Mit dem *Datensparer* verbraucht TikTok bei durchschnittlicher Nutzung nur noch etwa 360 MB/Stunde.

In den Android-Systemeinstellungen unter *Netzwerk und Internet/SIM-Karten/Datennutzung durch Apps* sehen Sie jederzeit den Datenverbrauch jeder einzelnen App. In vielen Fällen steht TikTok an einer der ersten Stellen. Wenn Sie TikTok nicht über das Mobilfunknetz nutzen, können Sie sich trotzdem einen Eindruck über den Datenverbrauch verschaffen. Unter *Netzwerk und Internet/WLAN/Datennutzung ohne Mobilfunknetzdaten* sehen Sie auch den Datenverbrauch im WLAN.

In den Android-Systemeinstellungen unter *Apps/TikTok/Mobile Daten und WLAN* können Sie zwar nicht verhindern, dass TikTok im Mobilfunknetz genutzt wird, aber zumindest die Hintergrunddaten für Benachrichtigungen und Ähnliches abschalten. TikTok kann dann nur noch Daten verbrauchen, wenn die App im Vordergrund läuft. Einige Smartphone-Hersteller, etwa Huawei, bieten auch Möglichkeiten, einzelnen Apps die Nutzung von Daten im Mobilfunknetz komplett zu verwehren.

Der Datensparmodus in den Schnelleinstellungen verhindert Hintergrundaktivitäten aller Apps, auch von TikTok, und trägt so allgemein zum Datensparen bei.

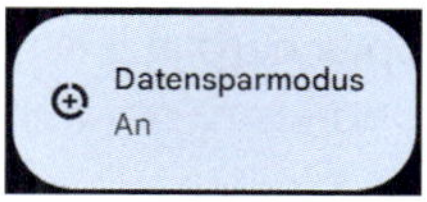

+++ SO GEHT'S AUF DEM IPHONE +++

Auf der Startseite der iOS-Einstellungen erscheint ganz unten die Liste aller installierten Apps. Tippen Sie hier auf *TikTok*, können Sie Hintergrundaktualisierungen, aber nicht allgemein die Nutzung von Mobilfunkdaten abschalten.

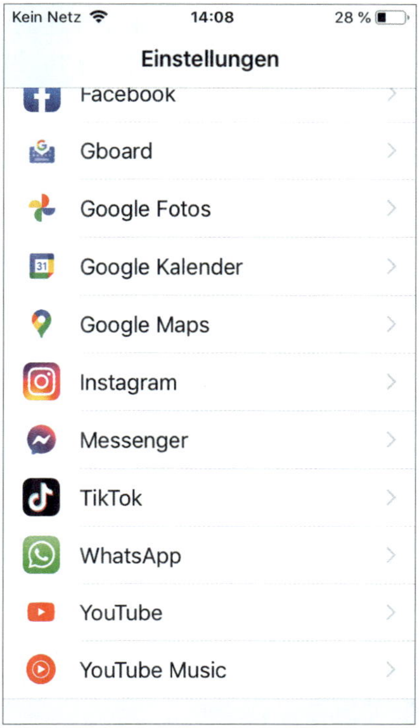

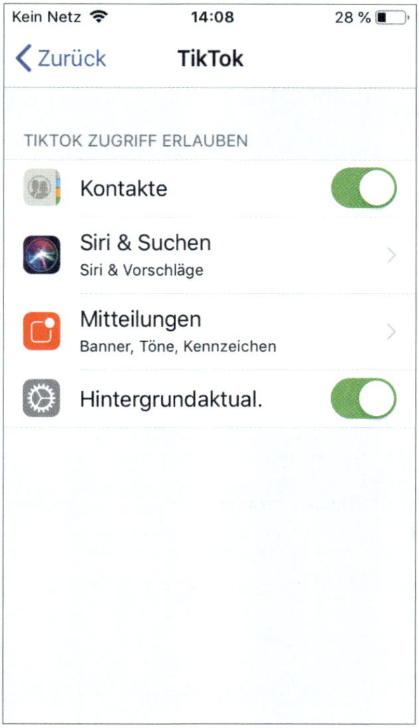

Speicherplatz frei machen

Die TikTok-App belegt mit der Zeit bei ausgiebiger Nutzung viel Speicherplatz auf dem Smartphone. TikTok bietet eigene Werkzeuge, belegten Speicherplatz wieder freizugeben, ohne Systemwerkzeuge des Smartphones zu brauchen.

Tippen Sie in den *Einstellungen* auf *Speicherplatz frei machen*.

- *Cache löschen* löscht den Cache-Speicher auf dem Smartphone. Dabei gehen keine Daten verloren. TikTok funktioniert wie gewohnt weiter.
- *Downloads löschen* löscht alle heruntergeladenen Effekte, Filter, Sticker, Offlinevideos und andere Daten. Diese können erneut heruntergeladen werden, was allerdings Zeit und Datenvolumen kostet.
- *Entwürfe verwalten* – Aufgenommene, aber noch nicht veröffentlichte Videos sind nur auf dem Smartphone, aber nicht bei TikTok online gespeichert. Sie können Entwürfe, die Sie nicht mehr benötigen, einzeln löschen. Diese lassen sich nicht wiederherstellen.

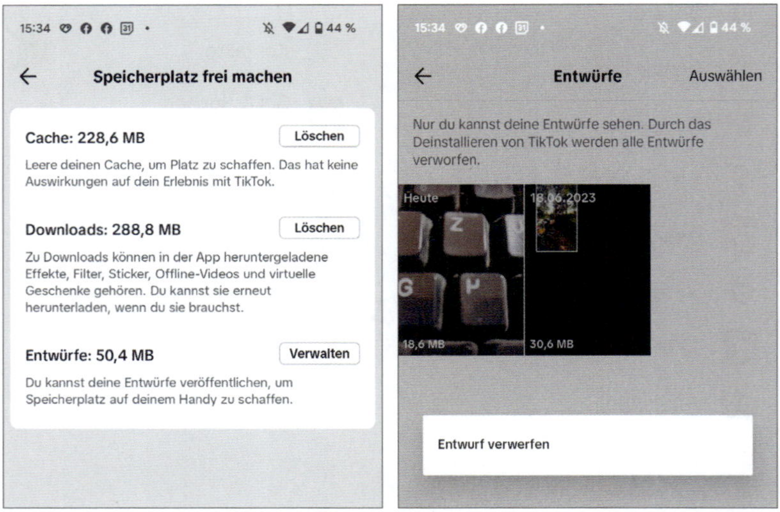

Speicherplatz frei machen, rechts: Entwürfe löschen

Meine Zeit auf TikTok

Die sogenannte Handysucht scheint zumindest in bestimmten Bevölkerungsgruppen ein ernstes Problem zu sein. Deshalb bietet die TikTok-App über den Menüpunkt *Bildschirmzeit* in den *Einstellungen* eine Übersicht darüber, wie viel Zeit man in den letzten Tagen auf TikTok verbracht hat und wie oft die App gestartet wurde. Die Zeiten zählen nur für die TikTok-App auf diesem Smartphone, nicht für andere Geräte, die das gleiche Profil nutzen.

Die TikTok-App kann automatisch die tägliche Zeit begrenzen, in regelmäßigen Abständen an Pausenzeiten erinnern oder auch abends an die Schlafenszeit. All diese Zeiten sind frei einstellbar. Die App erinnert zum entsprechenden Zeitpunkt, schränkt aber ihre Funktionen nicht ein.

+++ SO GEHT ES AUF DEM PC +++

Auf dem PC gibt es keine Statistik über Wiedergabezeiten und auch keine Erinnerungen an Pausen oder Schlafenszeiten.

Sprache der TikTok-App ändern

Die Benutzeroberfläche der TikTok-App lässt sich in den *Einstellungen* unter *Sprache* jederzeit auf eine andere Sprache umstellen, was aber nur in wenigen Fällen sinnvoll ist.

Viel interessanter sind weitere Optionen auf dieser *Einstellungen*-Seite.

- In der Liste *Bevorzugte Sprachen* markieren Sie Sprachen, die Sie verstehen und in denen Sie Videos angezeigt bekommen möchten.
- Die *Übersetzungssprache* legt die Sprache fest, in die Videobeschreibungen und Untertitel, wenn möglich, automatisch übersetzt werden.
- Ist der Schalter *Übersetzungen immer anzeigen* aktiviert, werden Untertitel, soweit verfügbar, immer automatisch übersetzt angezeigt.

Mehrere TikTok-Konten auf einem Smartphone

In vielen sozialen Netzwerken kann man auf einem Smartphone nur ein einziges Benutzerkonto anmelden. Einige Hersteller von Dual-SIM-Geräten bieten eigene Möglichkeiten, Apps mit zwei Konten auf einem Gerät zu nutzen. Derartige Umwege sind bei TikTok nicht nötig, da die App selbst die Option bietet, mehrere Konten anzumelden.

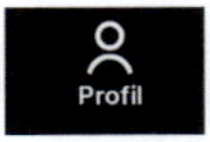

1. Tippen Sie auf der Seite *Profil* oben auf den Profilnamen, erscheint eine Liste der angemeldeten TikTok-Konten. Tippen Sie auf das Konto, mit dem Sie TikTok nutzen möchten.
2. Mit dem Plussymbol fügen Sie weitere Konten hinzu.
3. Die gleiche Auswahl finden Sie auch ganz unten in den *Einstellungen* unter *Konto wechseln*.

+++ SO GEHT ES AUF DEM PC +++

Auf dem PC klicken Sie oben rechts auf das Profilbild und wählen im Menü *Abmelden*. Jetzt können Sie sich oben rechts mit einem anderen Konto wieder bei TikTok anmelden.

Datenschutz und Sicherheit

Ob Sie es als Paranoia oder Datenschutz bezeichnen, es mag immer Gründe geben, bestimmte Informationen zu veröffentlichen oder lieber nicht.

Verlauf löschen

Suchverlauf und Wiedergabeverlauf von TikTok werden auf allen Geräten, die mit dem gleichen Benutzerkonto angemeldet sind, synchronisiert, was sehr praktisch ist, um auf Smartphones und PCs schnell alles wiederzufinden, was man mal auf TikTok gesehen hat. Möchten Sie aber einzelne oder alle gesehenen Videos oder Suchbegriffe vor Personen verbergen, die auf unerwünschte Weise an eines Ihrer Geräte geraten sind, können Sie das tun.

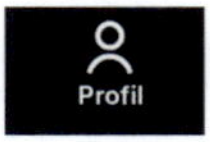

1. Um ein einzelnes Video aus der Verlaufsliste zu entfernen, öffnen Sie die Liste *Kommentar- und Aufrufverlauf/Aufruf-*

verlauf in den *Einstellungen*. Suchen Sie das Video heraus und tippen Sie länger darauf. Wählen Sie dann *Löschen*.

2. Um den gesamten Aufrufverlauf zu löschen, tippen Sie in dieser Liste oben rechts auf *Auswählen*, danach setzen Sie das Häkchen unten bei *Gesamten Aufrufverlauf auswählen* und tippen dann auf *Löschen*.
3. Um einen einzelnen Suchbegriff aus dem Suchverlauf zu entfernen, tippen Sie auf das Suchsymbol oben rechts in der App. Jetzt erscheint die Liste der letzten Suchbegriffe. Tippen Sie auf *Mehr anzeigen*, sehen Sie mehr als nur die letzten drei Suchbegriffe. Tippen Sie auf das **x**-Symbol rechts neben einem Begriff, entfernen Sie diesen aus dem Suchverlauf.

4. Um den Suchverlauf komplett zu löschen, tippen Sie auf *Alle löschen* unterhalb der Suchergebnisse.

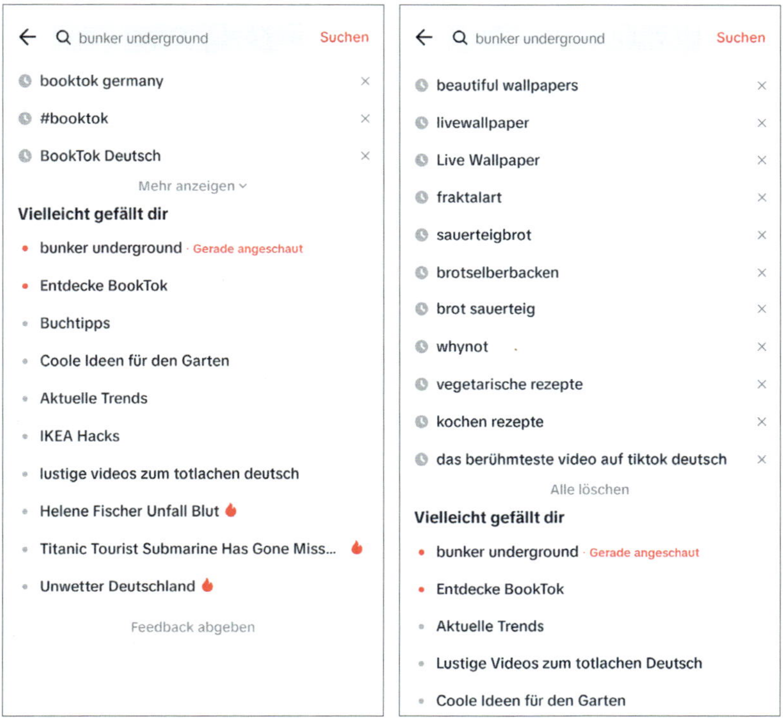

Links: Suchbegriff aus dem Verlauf löschen, rechts: Suchverlauf komplett löschen

Passwort ändern

Haben Sie den Verdacht, jemand hätte Ihr Passwort herausbekommen, sollten Sie es schnellstmöglich ändern. Auch ohne Verdacht empfiehlt es sich, von Zeit zu Zeit das Passwort zu ändern, um Betrugsversuche zu verhindern. TikTok kann zur Anmeldung ein Google-, Facebook- oder Twitter-Konto verwenden oder aber E-Mail-Adresse und Passwort. Wenn Sie das Passwort ändern, gilt diese Änderung nur für TikTok, nicht für die Originalkonten bei den anderen Netzwerken. Allerdings muss das neue Passwort dann auf allen Geräten, die mit dem gleichen TikTok-Konto angemeldet sind, eingegeben werden.

1. Wählen Sie in den Einstellungen der TikTok-App *Konto/Passwort*.
2. Tippen Sie auf dem nächsten Bildschirm auf *Code senden*.
3. Sie erhalten einen Zahlencode an die im Konto gespeicherte E-Mail-Adresse, die auf dem Bildschirm nur verschlüsselt angezeigt wird. Geben Sie diesen Code auf dem nächsten Bildschirm ein.
4. Jetzt geben Sie Ihrem Benutzerprofil ein neues Passwort. Dabei wird angezeigt, welche Bedingungen erfüllt sein müssen.

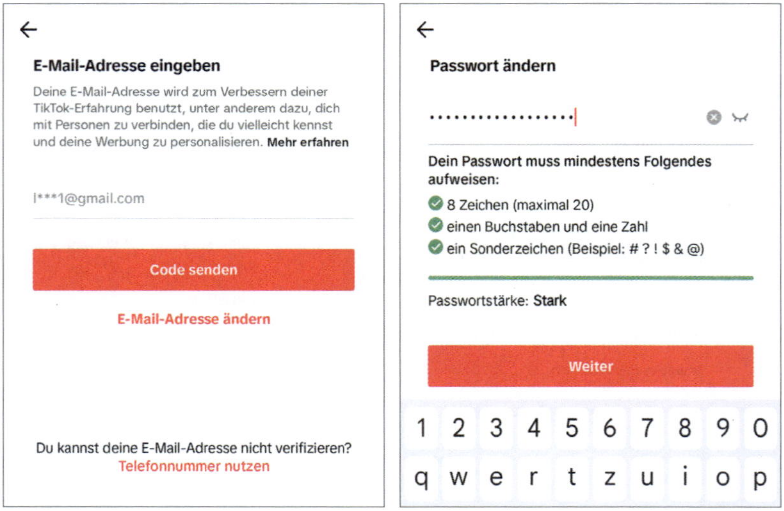

Passwort ändern

Verdächtige Geräte finden

Ein TikTok-Konto kann auf mehreren Geräten angemeldet werden. In den *Einstellungen* unter *Sicherheit/Deine Geräte* sehen Sie alle mit dem gleichen TikTok-Konto angemeldeten Geräte. Taucht hier ein unbekanntes Gerät auf, entfernen Sie es mit dem Papierkorbsymbol. Auf diesem Gerät muss bei der nächsten Anmeldung bei TikTok wieder das Passwort eingegeben werden. Zusammen mit einem geänderten Passwort können Sie so einen Hacker auf einem fremden Gerät aussperren.

Standort festlegen

Damit vorzugsweise Videos aus der eigenen Region auf der *Für dich*-Seite vorgeschlagen werden, ist es hilfreich, der TikTok-App den aktuellen Standort mitzuteilen. In den *Einstellungen* unter *Datenschutz/Standortdienste* können Sie der App während der Nutzung Zugriff auf den Gerätestandort ermöglichen. Andernfalls schätzt TikTok den Standort anhand von Mobilfunkzelle oder WLAN, was auf dem Land deutlich ungenauer ist, in Großstädten inzwischen aber sehr gute Ergebnisse liefert.

Datenschutz für Videos

Beim Veröffentlichen eines Videos können Sie festlegen, wer das Video sehen darf. Diese Einstellung können Sie nachträglich ändern.

Möchten Sie die Zielgruppe, die ein Video betrachten darf, ändern, tippen Sie auf das Symbol mit den drei Punkten und dann auf das Symbol *Datenschutzeinstellungen*.

Jetzt können Sie neu entscheiden, ob dieses Video für alle, nur für Ihre Freunde oder gar nur für Sie selbst sichtbar sein soll. Weiter unten können Sie noch festlegen, ob andere Nutzer das Video kommentieren oder für Duett und Stitch nutzen dürfen.

Bei Videos, die klar erkennbare Sprache enthalten, zum Beispiel Erklärvideos, können Sie zulassen, dass Nutzer sich automatisch Untertitel erzeugen lassen.

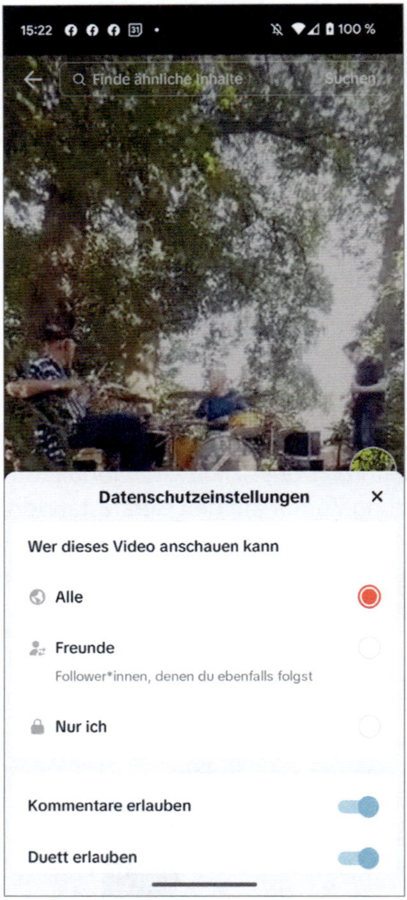

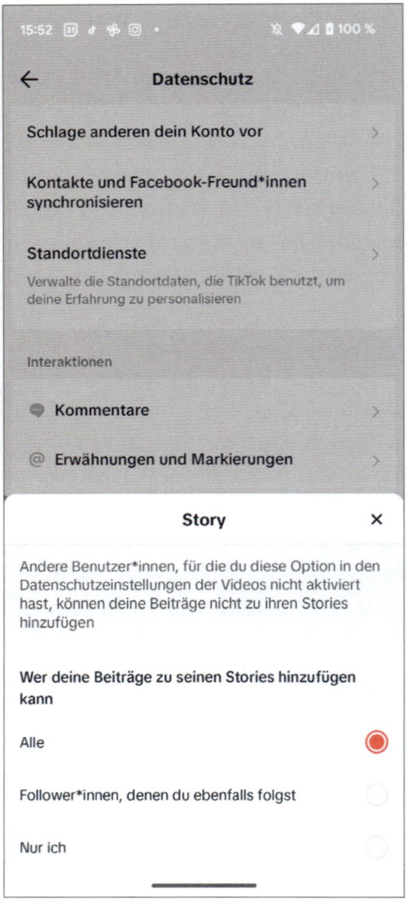

Datenschutz für Videos und Storys

Datenschutz für Story

In den *Einstellungen* unter *Datenschutz/Story* können Sie zusätzlich festlegen, wer Ihre Videos in seiner Story veröffentlichen darf. Natürlich müssen die jeweiligen Benutzer erst einmal dazu berechtigt sein, das betreffende Video überhaupt zu sehen.

Datenschutz für Duett und Stitch

Andere Benutzer können Ihre Videos mit eigenen kombinieren, was die Reichweite der Videos erhöht und die Interaktion der Nutzer untereinander fördert. TikTok bietet dazu die Werkzeuge *Duett* und *Stitch* an. Möchten Sie nicht, dass Inhalte Ihrer Videos auf diese Weise geteilt werden, können Sie diese Funktionen in den Datenschutzeinstellungen unter *Duett* und *Stitch* nur Freunden oder niemandem erlauben. Zusätzlich haben Sie bei jedem Video einzeln die Möglichkeit, *Duett* und *Stitch* einzuschränken.

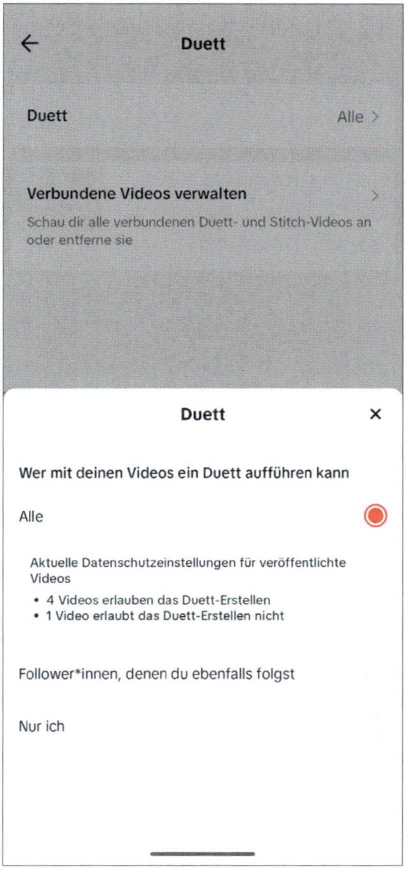

Datenschutz für Duett und Stitch

Auf der Seite *Verbundene Videos verwalten* sehen Sie, welche Ihrer Videos für *Duett* oder *Stitch* genutzt wurden. Hier können Sie sich diese Videos ansehen oder – sollten Sie damit so gar nicht einverstanden sein – auch alle verbundenen Videos einschließlich Ihres eigenen Originals von TikTok entfernen.

Datenschutz für Direktnachrichten

Leider gibt es auch bei TikTok Menschen, die mit ihren Kommentaren andere Menschen beleidigen, bedrohen oder einfach nur nerven. In solchen Fällen können Sie bestimmte Interaktionen für Ihr Profil einschränken und in besonderen Fällen betreffende Personen auch bei TikTok melden.

Niemand muss sich von einer anderen Person beschimpfen, beleidigen oder bedrohen lassen. Sollte dies doch vorkommen, hat TikTok vorgesorgt.

Schickt eine Person unerwünschte oder gar drohende Nachrichten, tippen Sie im *Posteingang* länger auf diese Person und dann auf *Sperren*. Damit blockieren Sie die Person, sie kann Ihnen keine Nachrichten mehr schicken und auch Ihre Beiträge nicht mehr sehen.

In den *Einstellungen* unter *Datenschutz/Gesperrte Konten* finden Sie eine Liste der blockierten Konten. Hier können Sie einzelne Personen später wieder freigeben.

In besonders schlimmen Fällen können Sie eine Person als Spam oder gefährlich melden. TikTok wird der Sache nachgehen, was dazu führen kann, dass diese Person aus TikTok ausgeschlossen wird.

TikTok behält sich vor, auch selbstständig Direktnachrichten zu blockieren, wenn deren Inhalte gegen die Community-Richtlinien verstoßen. In solchen Fällen wird der Absender im Posteingang benachrichtigt.

In den *Einstellungen* unter *Datenschutz/Nachrichten senden* können Sie pauschal festlegen, wer Ihnen Nachrichten senden kann. Außerdem kann TikTok Chatanfragen von Personen, die aufgrund ihres Kontoverlaufs als verdächtig eingestuft werden, filtern. Bei diesen Anfragen werden Sie nicht benachrichtigt. Sie können sie in den Datenschutzeinstellungen finden und dann freigeben oder löschen.

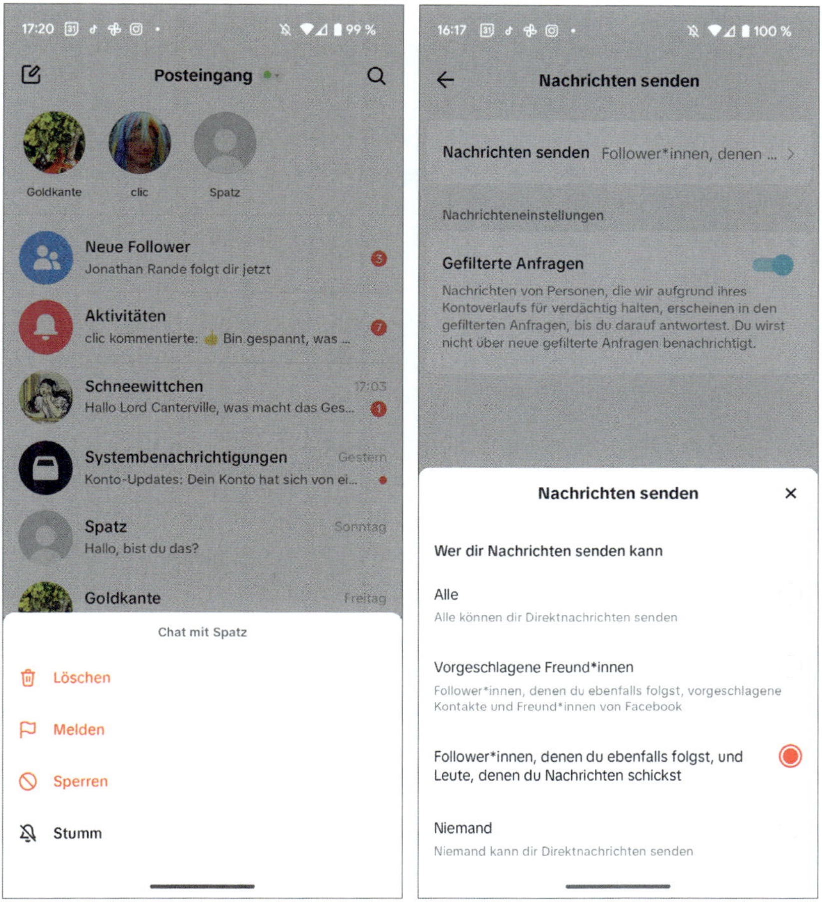

Links: Konto im Posteingang sperren oder melden, rechts: Einstellungen, wer Nachrichten senden darf

Schutz vor Kommentarspam

TikTok schützt sich automatisch vor Spammern, die in sehr kurzer Zeit – in den meisten Fällen über Skripts – Kommentare oder Likes verteilen. Erhalten Sie einen Hinweis, dass Sie zu schnell tippen, kommentieren oder folgen, bedeutet das, dass Sie in sehr kurzer Zeit zu viele Videos gelikt haben, zu viele Kommentare geschrieben oder zu vielen anderen Konten gefolgt sind. In solchen Fällen kann das Benutzerkonto für 24 Stunden gesperrt werden.

Durch normale menschliche Interaktion können solche Situationen kaum erreicht werden. Sollten Sie also so eine Meldung erhalten, stellen Sie sicher, dass Ihr Konto nicht einem Spam-Bot zum Opfer gefallen ist. Ändern Sie Ihr Passwort bei TikTok und entfernen Sie unbekannte Geräte, die in Ihrem Konto angemeldet sind.

Werden Ihre Beiträge oft beleidigend oder mit unangemessener Werbung kommentiert, können Sie in den *Einstellungen* unter *Datenschutz/Kommentare* nur Freunden das Kommentieren erlauben.

Möchten Sie jeden Kommentar vor der Veröffentlichung prüfen, aktivieren Sie den Schalter *Alle Kommentare filtern*. Neue Kommentare erscheinen jetzt zunächst auf der Seite *Gefilterte Kommentare überprüfen*. Dort können Sie sie genehmigen und damit unter dem Video anzeigen lassen oder auch löschen.

Auch Markierungen und Erwähnungen durch andere Personen lassen sich auf Freunde einschränken.

Videostichwortfilter

Mit Videostichwortfiltern können Sie die Inhalte der *Für dich-* und *Folge ich*-Seiten einschränken, um bestimmte uninteressante oder anstößige Inhalte sowie auch einige Werbung auszublenden.

1. Um ähnliche Videos, wie das gerade gesehene, in Zukunft nicht mehr vorgeschlagen zu bekommen, tippen Sie im Video auf das *Teilen*-Symbol und danach auf *Nicht interessiert*.

2. Jetzt erscheint eine Liste der in diesem Video verwendeten Hashtags. Markieren Sie alle Hashtags, zu denen Sie in Zukunft keine Videos mehr auf der *Für dich*-Seite vorgeschlagen bekommen möchten.

3. In den *Einstellungen* unter *Inhaltspräferenzen/Videostichwörter filtern* sehen Sie alle gefilterten Hashtags. Hier können Sie für jeden Hashtag festlegen, ob er zusätzlich zur *Für dich*-Seite auch auf der *Folge ich*-Seite gefiltert werden soll. Außerdem können Sie Hashtags aus dieser Liste löschen, um entsprechende Videos wieder vorgeschlagen zu bekommen.
4. Mit dem Button *Stichwort hinzufügen* können Sie zusätzliche Stichwörter hinzufügen, die gefiltert werden sollen. Das können nicht nur Hashtags sein, auch beliebige Wörter, die in Videobeschreibungen auftauchen, lassen sich hier eintragen.

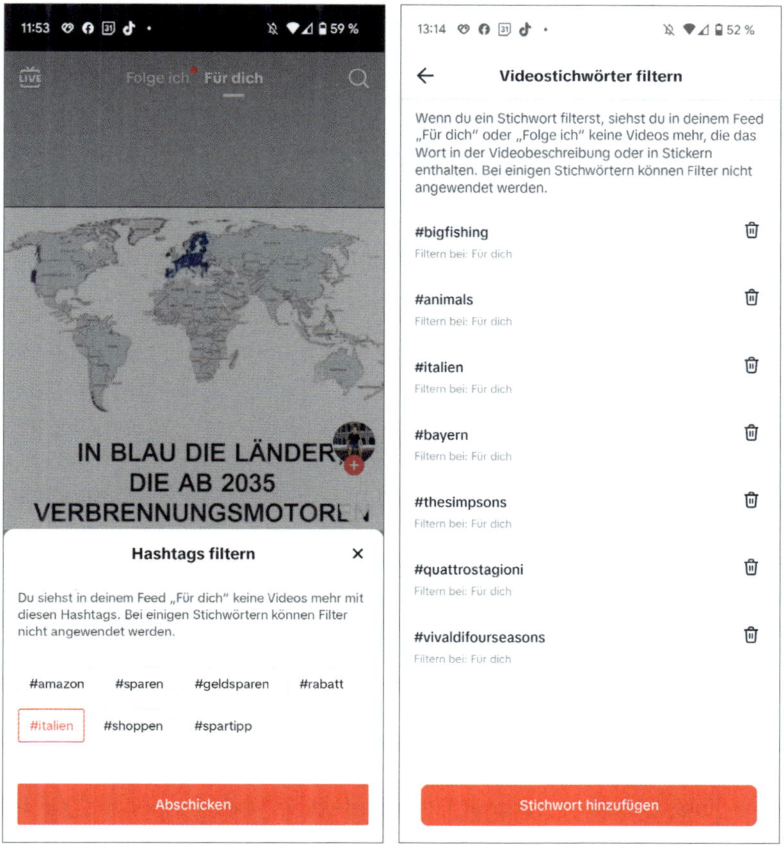

Links: Hashtags in einem Video filtern, rechts: Videostichwörter verwalten

Werbung filtern

TikTok spielt auf der *Für dich*-Seite zwischen den echten Videos von Nutzern auch Werbevideos ab, die mit dem kleinen Symbol *Anzeige* gekennzeichnet sind. Bei diesen Videos werden die Hashtag-Filter nicht angeboten. Stattdessen erscheint eine ähnliche Auswahl an Kriterien, wie man sie vom Ablehnen von Bannern auf Webseiten kennt. Geben Sie den Grund an, warum Sie dieses Video nicht mehr sehen möchten. Anhand Ihrer Auswahl werden in Zukunft andere Werbevideos eingeblendet. Die Werbung ganz abzuschalten, ist nicht möglich.

Jugendschutz auf TikTok

TikTok wird gern von Jugendlichen und auch kleineren Kindern genutzt. Allerdings sind nicht alle Inhalte für sie geeignet. Manche Eltern möchten auch gern wissen, was ihre Kinder auf TikTok sehen und wie lange sie es nutzen. TikTok bietet zwei spezielle Modi, um den Jugendschutz zu gewährleisten.

Eingeschränkter Modus

Die Option *Eingeschränkter Modus* unterdrückt nicht jugendfreie Inhalte auf TikTok, nicht nur bei den Videos, sondern auch in Suchergebnissen und Kommentaren. Der eingeschränkte Modus kann in den *Einstellungen* unter *Inhaltspräferenzen* ein- und ausgeschaltet werden. Das gilt immer nur für das verwendete Smartphone. Diese Einstellung gilt nicht im Browser auf Smartphone oder PC und auch nicht in der Windows-App.

Damit der eingeschränkte Modus als Kindersicherung funktioniert, darf er nicht frei ein- und ausgeschaltet werden können. Legen Sie dazu beim Einschalten einen vierstelligen Zahlencode fest, um den eingeschränkten Modus später wieder auszuschalten.

Allerdings ist kein derartiger Filter perfekt. Es kann immer mal ein Video durchrutschen, das den angedachten Filterkriterien nicht entspricht. Hier haben Sie die Möglichkeit, diese Videos bei TikTok zu melden.

Begleiteter Modus

Im begleiteten Modus können Eltern die TikTok-Einstellungen eines Kindes – in der App als Teenager bezeichnet – verwalten und auch Zeitkontingente festlegen, wie lange TikTok genutzt werden darf.

1. Wählen Sie auf dem Smartphone eines Elternteils in den *Einstellungen* unter *Begleiteter Modus* die Option *Elternteil*. Jetzt wird ein QR-Code angezeigt.

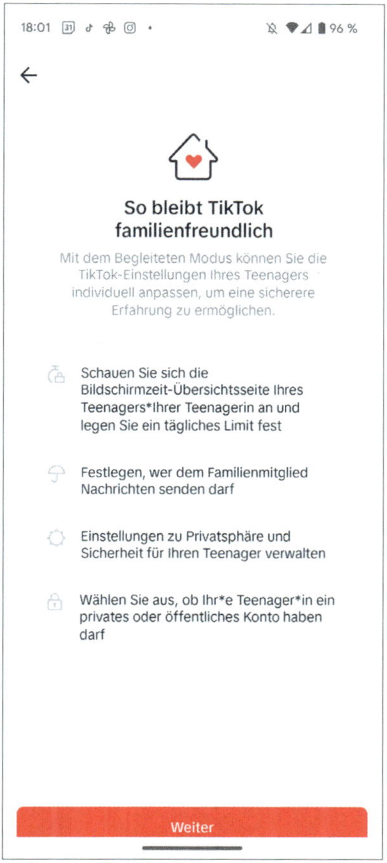

Begleiteten Modus auf dem Smartphone der Eltern einrichten

2. Wählen Sie auf dem Smartphone des Kindes in den *Einstellungen* unter *Begleiteter Modus* die Option *Teenager*. Scannen Sie jetzt mit diesem Smartphone den QR-Code.
3. Die Konten werden verbunden. *Bildschirmzeit, Zeitplan für Push-Benachrichtigungen, Inhaltspräferenzen, Suchen* und *Privatsphäre* werden jetzt vom Smartphone des Elternteils aus verwaltet. Bei Bedarf können Eltern auf dem Smartphone des Kindes auch den eingeschränkten Modus aktivieren.

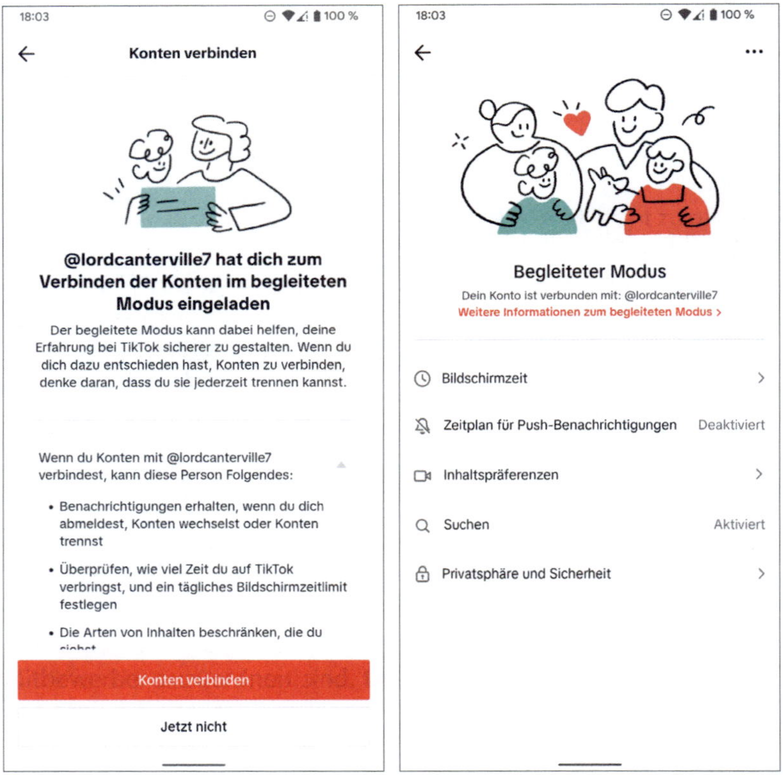

Begleiteten Modus auf dem Smartphone des Kindes einrichten

4. Auf dem Smartphone des Elternteils können mehrere Kinder eingetragen werden. Tippen Sie auf eines der Kinder, um die TikTok-Einstellungen festzulegen.

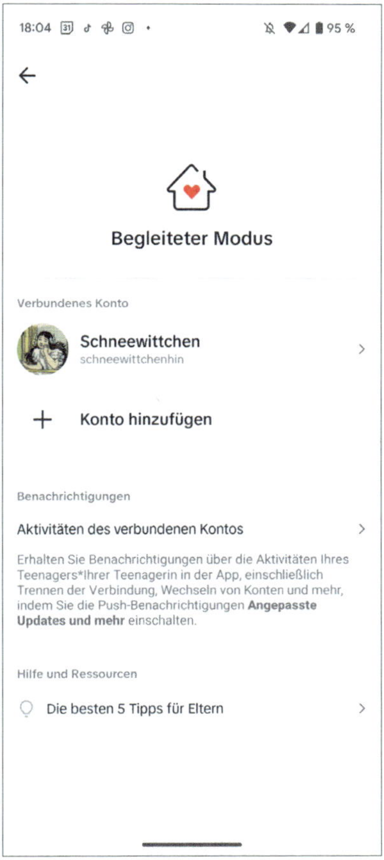

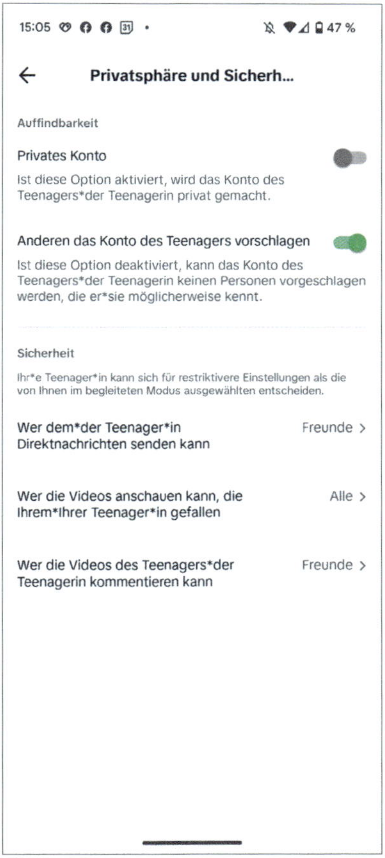

Eltern können Einstellungen auf dem Smartphone des Kindes vornehmen

5. Geht dem Kind die tägliche Bildschirmzeit aus, kann es diese über einen Zahlencode verlängern, der auf dem Smartphone des Elternteils in den *Einstellungen* unter *Begleiteter Modus/Bildschirmzeit/Daily Screen Time* zu finden ist.
6. Um dem Kind wieder freie Kontrolle über sein TikTok zu gewähren, tippen Sie auf *Verbindung trennen*.

6. Techniktipps

Auf den meisten Smartphones wie auch auf dem PC läuft TikTok, ohne dass Sie spezielle Einstellungen vornehmen müssen. Bei besonderer Hardware helfen die Tipps dieses Kapitels.

Bluetooth-Lautsprecher verbinden

Um unterwegs Musik zu hören, hat das Smartphone inzwischen alle klassischen CD- und MP3-Player verdrängt – um aber eine Party damit zu beschallen, eignen sich die eingebauten Lautsprecher nicht.

Viele Aktivboxen, Stereoanlagen und auch Autoradios lassen sich per Bluetooth koppeln und als Lautsprecher nutzen. Dabei werden alle Medien-Apps unterstützt, so auch *TikTok*.

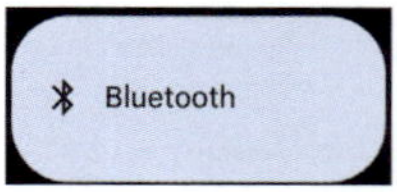

1. Zuerst schalten Sie den Lautsprecher in den Verbindungsmodus, manchmal auch als Kopplungsmodus bezeichnet. In den meisten Fällen muss dazu eine Taste, oft der Einschalter, länger gedrückt gehalten werden. Viele Bluetooth-Lautsprecher melden die Kopplungsbereitschaft mit einem Signalton oder einer Sprachausgabe.
2. Schalten Sie über die Kachel in den Schnelleinstellungen *Bluetooth* ein.
3. Tippen Sie länger auf dieses Bluetooth-Symbol, erscheint eine Liste gekoppelter Geräte.
4. Tippen Sie auf *Neues Gerät koppeln*, wird eine Liste mit Geräten in der Nähe eingeblendet.
5. Wählen Sie hier den Lautsprecher aus. Bei einigen Lautsprechern müssen Sie jetzt eine Kopplungstaste drücken. Viele Geräte koppeln aber auch automatisch.

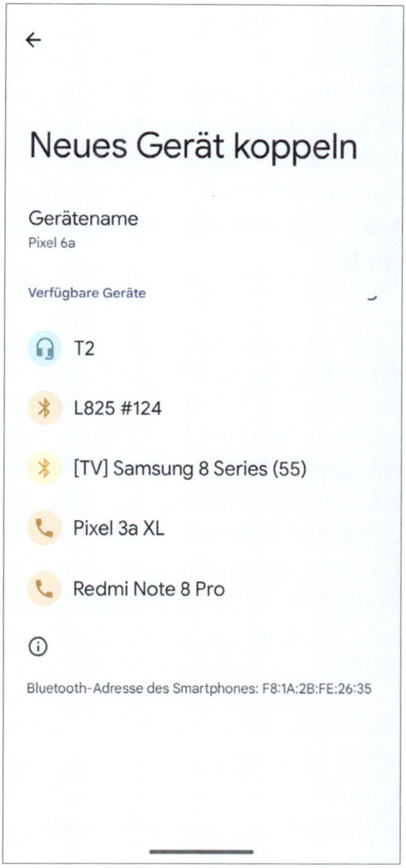

Bluetooth-Lautsprecher koppeln und Lautstärke einstellen.

Haben Sie einmal einen Lautsprecher gekoppelt, erscheint dieser automatisch in der Liste und braucht nicht mehr neu gesucht zu werden. Beim Einschalten von Bluetooth wird er automatisch wieder gekoppelt.

Über die Lautstärketasten des Smartphones können Sie die Lautstärke des Lautsprechers regeln. Einige Bluetooth-Lautsprecher haben gar keinen eigenen Lautstärkeregler. Auf dem Lautstärkeregler erscheint ein Bluetooth-Symbol, um zu erkennen, dass die Lautstärke eines Bluetooth-Gerätes eingestellt wird.

+++ SO GEHT'S AUF DEM IPHONE +++

Tippen Sie in den iOS-Einstellungen auf *Bluetooth* und schalten Sie *Bluetooth* ein. Solange diese Einstellungen angezeigt werden, sucht das iPhone nach Bluetooth-Geräten in der Umgebung. Wenn der Lautsprecher gefunden wurde, wird sein Name angezeigt. Tippen Sie darauf, um die Verbindung herzustellen. Um den Lautsprecher zu trennen und den Ton wieder auf dem iPhone abzuspielen, schalten Sie Bluetooth aus oder tippen auf das blaue **i**-Symbol und trennen die Kopplung.

TikTok auf Smartphones ohne Google Play Store

Seit dem US-amerikanischen Handelsembargo gegen China haben viele Smartphones von Huawei keinen Zugang zum Google Play Store mehr und auch keine vorinstallierten Google-Apps. Das Gleiche gilt für Smartphones aus chinesischer Produktion für den dortigen Inlandsmarkt, was aber nicht bedeutet, dass auf diesen Geräten keine Apps installiert werden können. Auch Smartphones mit Android-CustomROMs wie etwa LineageOS haben keine Google-Apps vorinstalliert. Android bietet im Gegensatz zu iOS die Möglichkeit, Apps auch aus anderen Quellen zu installieren.

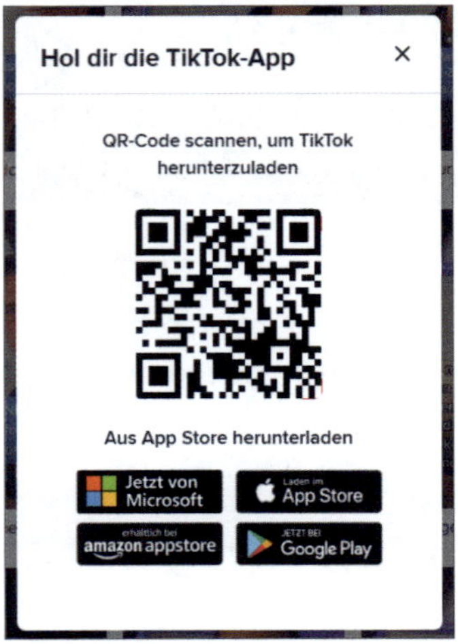

Der einfachste Weg, TikTok auf einem Smartphone zu installieren, ist, auf dem PC im Browser www.tiktok.com aufzurufen, unten rechts auf *App holen* zu klicken und mit dem Smartphone den angezeigten QR-Code zu scannen. Sie können auch den hier abgebildeten QR-Code nutzen. Dieser führt zu einer Seite, die anhand der Gerätekennung des scannenden Gerätes automatisch zu einem passenden App Store führt, aus dem die TikTok-App installiert werden kann.

QR-Code zur Installation der TikTok-App

Uptodown App Store

Sollte kein App Store auf dem Smartphone gefunden werden, verwenden Sie **Uptodown**.

Uptodown ist ein unabhängiger App Store, der ausschließlich kostenlose Apps anbietet. Die Apps werden als APK-Dateien zum Download angeboten, daher können Sie den App Store direkt über den Browser de.uptodown.com aufrufen. Zusätzlich bietet Uptodown auch eine eigene App an. Diese hat den Vorteil, dass Updates installierter Apps angezeigt werden und auf Wunsch auch automatisch installiert werden können.

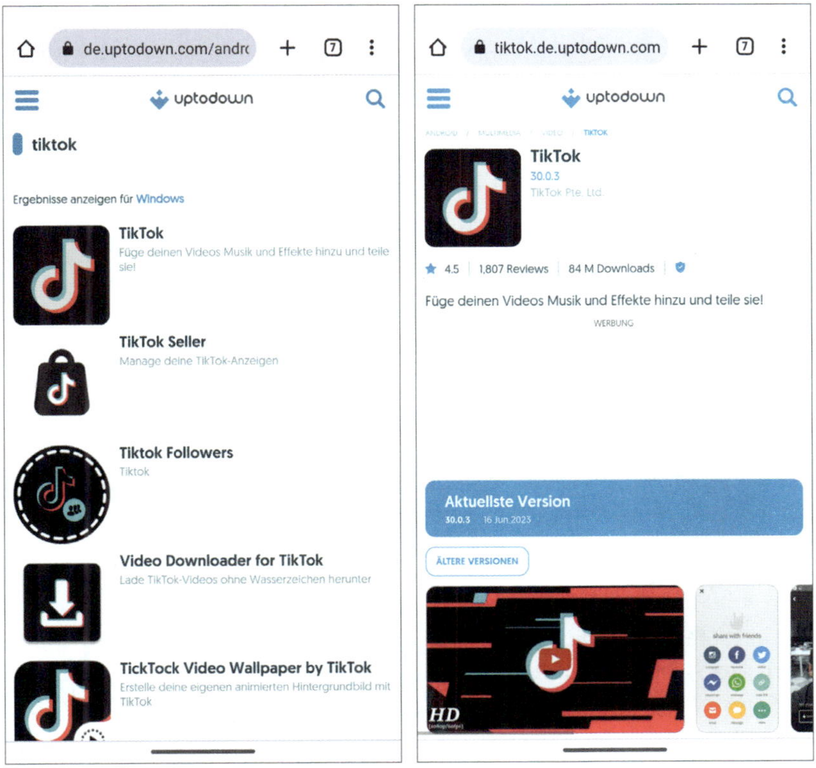

TikTok bei Uptodown finden und herunterladen

Suchen Sie in Uptodown über das Suchfeld ganz oben TikTok und achten Sie auch hier darauf, wirklich das Original und keine Fake-App zu installieren. Der QR-Code führt direkt zur Downloadseite für TikTok bei Uptodown. Tippen Sie auf die aktuelle Version und danach auf *Download*.

> **Vorsicht Werbung**
>
> Uptodown zeigt als werbefinanzierter Dienst auch auf den Download-Seiten Werbung an, die in manchen Fällen täuschend echte Download-Buttons enthält. Tippen Sie nicht auf die Werbung, sondern auf den echten Download-Button. Dieser zeigt bei Uptodown auch die Größe des Downloads an.

Ein großer Vorteil von Uptodown gegenüber anderen App Stores ist die Möglichkeit, eine App auf eine ältere Version downzugraden oder gleich eine ältere Version zu installieren, wenn die aktuelle Version Fehler, Funktionseinschränkungen oder lästige Werbung ohne wirkliche Vorteile enthält.

Apps aus unbekannten Quellen zulassen

Bei der ersten Installation einer APK-Datei aus einer anderen App, zum Beispiel einem Browser, erscheint ein Hinweis, dass Installationen aus unbekannten Quellen nicht zulässig sind. Direkt aus dieser Meldung besteht Zugriff auf die zugehörige Systemeinstellung, mit der man die Installation aus unbekannter Herkunft zulassen kann.

Seit Android 8 Oreo wird die Berechtigung zur Installation unbekannter Apps für einzelne Apps vergeben. Damit wird es leichter möglich, aus einem Browser oder einem App Store eines anderen Anbieters als Google Play auch Apps zu installieren.

Die automatischen Downloads und Installationen von Werbe- und Spam-Apps aus Spielen heraus bleiben aber unterbunden.

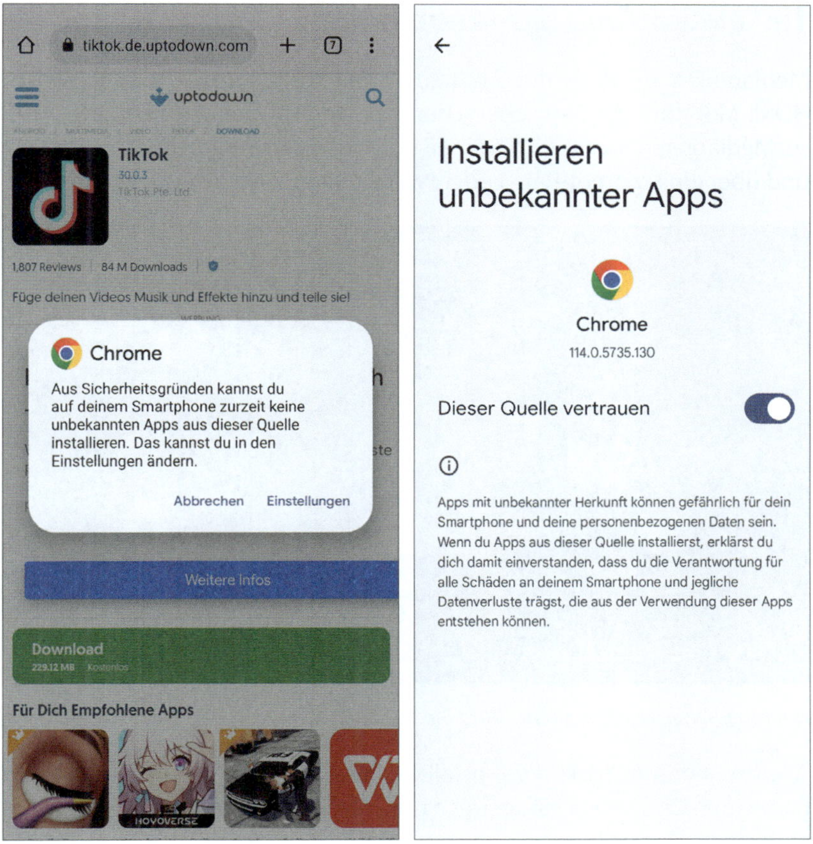

Apps aus unbekannten Quellen zulassen

Smartphones ohne Google-Dienste

Die TikTok-App benötigt keine Google-Dienste und funktioniert daher problemlos auch auf Android-Geräten ohne Google-Dienste, zum Beispiel Huawei, Geräten mit LineageOS oder den Tablets der Amazon-Fire-Serie. Die Letztgenannten verwenden ein auf Android basierendes Betriebssystem mit einer eigenen von Amazon entwickelten Benutzeroberfläche und einem eigenen App Store, der die TikTok-App auch zum Download anbietet.

TikTok auf Android-Mediaboxen

Mediaboxen auf Basis des Android-Betriebssystems machen aus jedem HDMI-Monitor oder Fernseher einen netzwerkfähigen Medienplayer. Diese Mediaboxen werden mit einer drahtlosen Fernbedienung gesteuert und über ein Ethernet-Kabel oder WLAN mit dem Netzwerk verbunden.

Hauptbildschirm einer typischen Android-Mediabox

Alle wichtigen Apps sind vorinstalliert. Mediaboxen mit Google-Diensten haben den Google Play Store mit einem umfangreichen Angebot an Apps. Einfachere Geräte bieten manchmal nur einen App Store des Geräteherstellers mit deutlich kleinerem Angebot, was aber oft nicht wichtig ist, da die TikTok-App auf vielen Mediaboxen vorinstalliert ist und auch in fast allen App Stores angeboten wird.

Auf den meisten Mediaboxen können Sie mit den Pfeiltasten der Fernbedienung durch die Videos blättern und die wichtigsten Grundfunktionen der App nutzen.

Zusätzlich bieten die Fernbedienungen einen Mausmodus, der einen Mauszeiger einblendet, der mit den Cursortasten gesteuert wird. Damit lassen sich alle Apps steuern und Funktionen nutzen, die nicht für die Steuerung über eine Fernbedienung eingerichtet sind.

TikTok-App auf einer Android-Mediabox

> **Smartphone zur schnelleren Suche verwenden**
> Mit der Bildschirmtastatur und der Fernbedienung ein Video in TikTok auf einer Mediabox zu suchen, kann sehr mühsam sein. Einfacher finden Sie das Video auf dem Smartphone und geben ihm einen Like. Jetzt finden Sie es auch in der TikTok-App auf der Mediabox in der Liste der gelikten Videos auf Ihrem Profil. Gefällt Ihnen das Video nach dem Betrachten doch nicht, können Sie den Like leicht wieder zurücknehmen. Beide Geräte müssen dazu nur mit dem gleichen TikTok-Konto angemeldet sein.

TikTok im Ausland – die EU-Roamingverordnung

TikTok hat im Vergleich zu vielen anderen Apps einen extremen Datenverbrauch. Im deutschen Mobilfunknetz kann das dazu führen, dass das Freivolumen des Smartphone-Tarifs aufgebraucht wird und man nur noch mit deutlich gedrosselter Geschwindigkeit Daten empfängt, was das Streaming von TikTok und anderen Videoportalen unmöglich macht. Im Ausland dagegen kann es schnell sehr teuer werden.

Achtung Kosten

Verwenden Sie TikTok im Nicht-EU-Ausland nur über WLAN. Im Mobilfunknetz macht sich das verbrauchte Datenvolumen schon nach wenigen Minuten deutlich in der Urlaubskasse bemerkbar.

Nach jahrelangen Diskussionen führte die EU-Kommision am 15. Juni 2017 den sogenannten Euro-Tarif ein, der Telefonieren, SMS und auch mobiles Internet im EU-Ausland zu Inlandskonditionen möglich macht.

Eigentlich müsste es statt EU-Roaming EWR-Roaming heißen, da die gleichen Bedingungen für alle Länder des europäischen Wirtschaftsraums EWR gelten. Das sind außer den EU-Mitgliedsstaaten auch Norwegen, Island und Liechtenstein, aber nicht die Schweiz. Zusätzlich gilt die EU-Roamingverordnung auf den britischen Kanalinseln, die nicht EU-Gebiet sind, in den französischen Überseegebieten, in San Marino und dem Vatikan. In Großbritannien gilt die EU-Roamingverordnung auch nach dem EU-Austritt unverändert weiter. Auf Schiffen und Flugzeugen, die satellitengestützte Mobilfunkverbindungen für ihre Passagiere anbieten, gilt die EU-Roamingverordnung nicht.

Die früher extrem hohen Roaminggebühren bei der Nutzung einer deutschen SIM-Karte im EU-Ausland waren für die Netzbetreiber eine gern gesehene Einnahmequelle. Deshalb versuchen viele, die Schlupflöcher im neuen EU-Gesetz geschickt zu nutzen. Bei der Anmeldung eines Smartphones in einem ausländischen Netz erhalten Sie eine SMS, die die genauen Tarifdetails enthält. Lesen Sie diese sorgfältig durch.

7. Kann man mit TikTok Geld verdienen oder ausgeben?

TikTok blendet keine Werbung vor oder in Videos ein, was etwa bei YouTube für viele eine interessante Einnahmequelle darstellt. TikTok bietet auch keine kostenpflichtigen Kanalmitgliedschaften und Kaufvideos.

Trotzdem gibt es einige wenige TikToker, die ein Jahreseinkommen in Millionenhöhe erzielen. Dieses Geld wird über Affiliate-Marketing, Sponsoring und Verkauf von Merchandise-Artikeln erzielt. Besonders beliebte TikToker konnten nach dem Erfolg ihrer Videos lukrative Werbeverträge abschließen.

Als einkommensstärkste TikToker weltweit gelten zurzeit die Schwestern Charli und Dixie D'Amelio, **@charlidamelio** und **@dixiedamelio**, mit Einkommen von 17,5 Millionen bzw. 10 Millionen US-Dollar.

TikTok-Kreativitäts-Fonds

Zusätzlich zu externen Werbeeinnahmen bietet TikTok selbst den TikTok-Kreativitäts-Fonds an, um besondere TikToker zu fördern.

Hier können sich TikToker für Sponsorengelder bewerben, die folgende Voraussetzungen erfüllen:

- mindestens 18 Jahre alt
- mindestens 10.000 Follower
- mindestens 100.000 Aufrufe in den letzten 30 Tagen
- Wohn- oder Firmensitz in den USA, Großbritannien, Frankreich, Spanien, Deutschland oder Italien
- Inhalte konform mit den TikTok-Community-Richtlinien (bisher keine Sperrung erhalten)

Business-Suite

Die TikTok Business-Suite, auf Deutsch *Unternehmensdienstzentrum*, steht automatisch allen Business-Konten im Menü der Profilseite zur Verfügung. Hier finden Sie unter anderem die gleichen Analysetools, die auch in den Einstellungen zu finden sind, und im Bereich *Automatische Nachrichten* auch Werkzeuge, um automatische Begrüßungsnachrichten als Antwort auf die erste Direktnachricht einer Person zu schicken, mit der Sie bisher nicht kommuniziert haben. Sie können auch auf Direktnachrichten, die bestimmte Stichwörter enthalten, automatische Antworten senden.

Im Bereich *Werben* können Sie gegen Bezahlung Ihre Videos besonders hervorheben, Videoaufrufe, Follower oder Profilaufrufe kaufen.

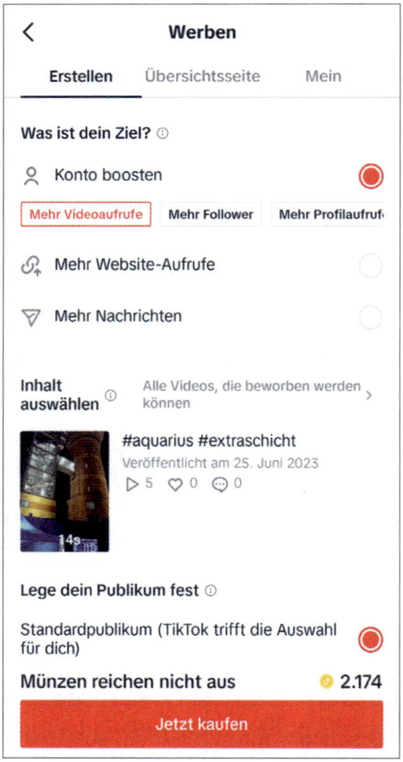

Videos in TikTok kostenpflichtig bewerben

Auch Website-Aufrufe sowie mehr Direktnachrichten auf dem eigenen Profil lassen sich durch Einsatz sogenannter Münzen erwerben.

Münzen – die Währung in TikTok

Werbekosten wie auch andere Zahlungen und Geschenke in TikTok werden mit Münzen bezahlt, einer virtuellen Währung auf TikTok.

Eine Münze hat einen Preis von 1,5 bis 1,8 Cent, je nachdem, in welchen Mengen Sie Münzen kaufen. Große Münzpakete sind günstiger. Die Münzen werden über In-App-Käufe im Google Play Store oder – noch günstiger – direkt auf tiktok.com zum Kauf mit echtem Geld angeboten.

Sollen Videos für bestimmte Zielgruppen beworben werden, können Sie anhand von Alter, Geschlecht, Region und Interessen ein spezielles Publikum wählen, dem das Video gezeigt werden soll, anstatt dem TikTok-Algorithmus die Auswahl zu überlassen.

Geschenke auf TikTok

Geschenke sind virtuelle Gegenstände, mit denen man dem Ersteller eines Videos Anerkennung zeigen kann. Auch diese Geschenke werden auf TikTok mit Münzen bezahlt.

Geschenke können an Videos oder Live-Videos im Kommentarfeld versendet werden.

1. Tippen Sie auf das Symbol *Geschenke* neben dem Kommentarfeld. Es wird nur angezeigt, wenn der Ersteller berechtigt ist, Geschenke zu empfangen.

2. Wählen Sie das gewünschte Geschenk aus. Dieses wird mit Münzen aus dem eigenen Vorrat verrechnet.
3. Haben Sie noch keine oder nicht ausreichend Münzen, können Sie über die Schaltfläche *Aufladen* welche kaufen.

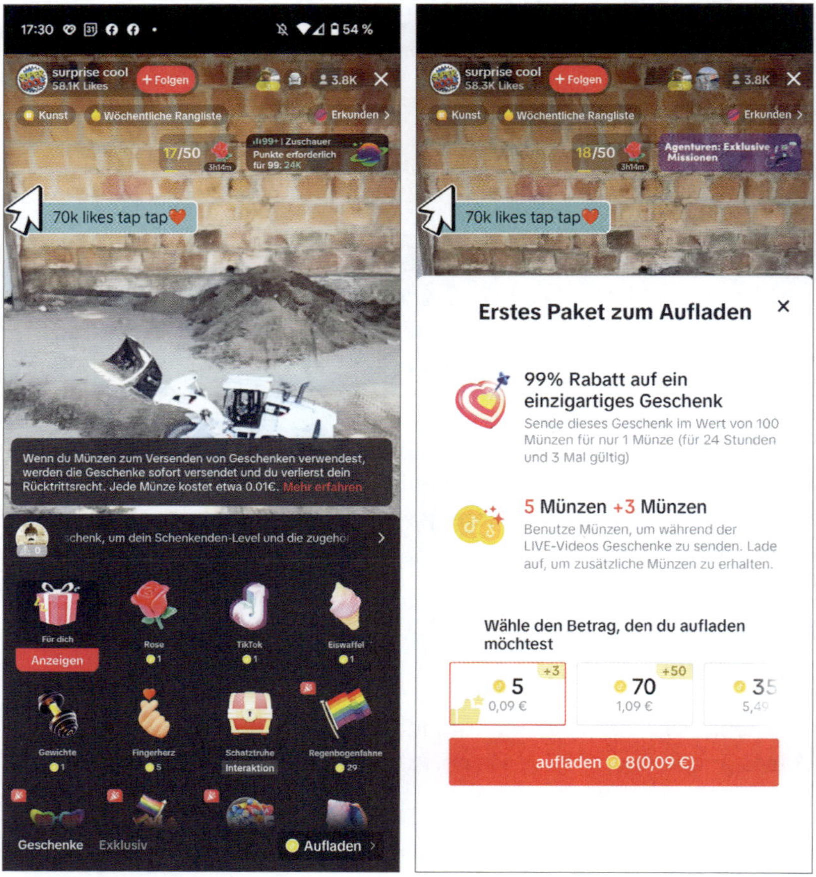

Links: Geschenke versenden, rechts: Münzen für Geschenke kaufen

Gaming auf TikTok

Die Gaming-Szene stellt eine wichtige Nutzergruppe auf TikTok dar. TikTok kommt dem entgegen und bietet in der App unter *LIVE* mit dem Symbol *Erkunden* rechts oben in einem Livestream einen besonders hervorgehobenen, von TikTok selbst verwalteten Kanal für Gamer an. Hier finden Gamer Live-Präsentationen, die oft von Profi-

Gamern stammen, die Geschäftsbeziehungen zu den Herstellern der Spiele haben, und dann von Spielern kommentiert werden. Es gibt aber auch offizielle Videos direkt von den Herstellern, die professionell produziert sind und teilweise auch Kauflinks enthalten können.

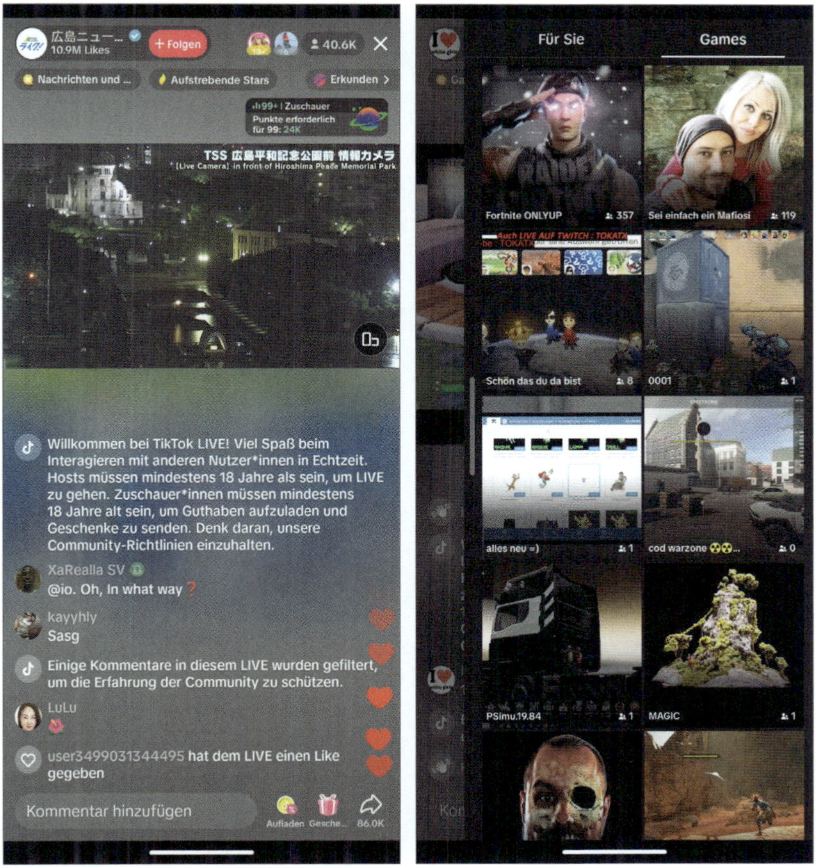

Der offizielle Gaming-Live-Bereich auf TikTok

Im Gegensatz zu anderen Bereichen von TikTok lässt sich der Gaming-Bereich mit diesem Symbol auf die Querformat-Darstellung umschalten, wenn das jeweilige Video dies unterstützt. Live-Videos von PC-Spielen sind oft im Querformat.

TikTok-Serien

TikTok plant einen kostenpflichtigen Bereich, in dem Besucher sogenannte Serien aus kostenpflichtigen Videos kaufen können. Eine Serie kann bis zu 80 Videos enthalten, jedes davon kann 30 Sekunden bis 20 Minuten lang sein. Diese Serien werden nicht vorgeschlagen, sondern von den jeweiligen Erstellern in eigenen Videos verlinkt und sind auch auf deren Profilen zu sehen.

Bis jetzt sind nur wenige Kanäle zum Erstellen und Verkaufen von Serien berechtigt. So muss ein Kanal mindestens 100.000 Follower haben, mindestens 30 Tage alt sein und darf keine wiederholten Verstöße gegen die Community-Richtlinien haben.

8. Nützliche Zusatz-Apps

TikTok liefert noch weitere Apps, die interessant sein können. Allerdings nutzen auch andere Entwickler den Suchbegriff TikTok, um in den App Stores auf ihre teilweise unseriösen oder gar gefährlichen Apps aufmerksam zu machen.

TikTok Live Wallpaper

Mit der App *TikTok Live Wallpaper* machen Sie aus einem TikTok-Video einen bewegten Hintergrund für den Start- und Sperrbildschirm des Smartphones.

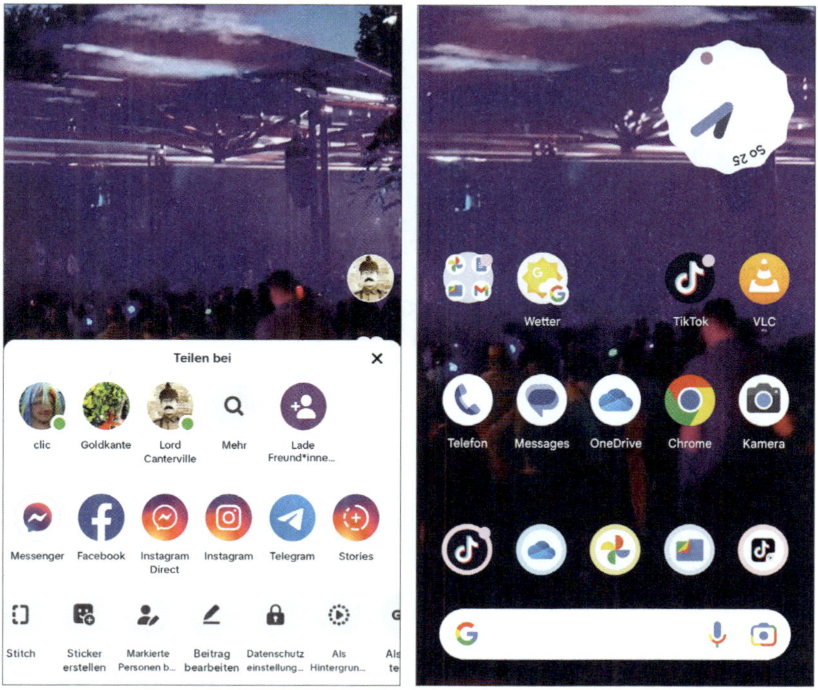

TikTok-Video über ein spezielles Teilen-Symbol als Live Hintergrund verwenden

Tippen Sie in einem Video auf *Teilen* und dann auf *Als Hintergrund*, um es als Hintergrund festzulegen.

TikTok Now

TikTok lebt ursprünglich von der Spontaneität und Authentizität der Videos. In letzter Zeit werden aber auch hier immer mehr professionelle Videos mit kommerziellem Hintergrund hochgeladen. Mit der neuen App *TikTok Now* versucht TikTok, wieder mehr die Persönlichkeit der Nutzer in den Vordergrund zu bringen.

Nutzer der App erhalten täglich gleichzeitig mit den eigenen Freunden zusammen zu einem zufälligen Zeitpunkt eine Benachrichtigung und haben dann ein dreiminütiges Zeitfenster, um ein 10-Sekunden-Video oder ein Foto in Echtzeit mit sowohl der Front- als auch der Rückkamera zu machen. Diese Videos werden dann automatisch den ausgewählten Freunden gezeigt.

Um den Gedanken der persönlichen Vernetzung und Teilhabe am Leben der Freunde zu verstärken, kann man die Videos der Freunde erst sehen, nachdem man selbst ein Now-Video hochgeladen hat. Das Prinzip entspricht im Wesentlichen der deutlich bekannteren App *BeReal*.

Videos ohne Wasserzeichen herunterladen

Die TikTok-App bietet einen Button zum Herunterladen unter jedem Video. Allerdings steht diese Funktion nur in den eigenen Videos des angemeldeten Nutzers zur Verfügung.

Video- und Musik-Downloader

In den verschiedenen App Stores werden diverse Download-Apps für TikTok angeboten, mit sehr unterschiedlichem Funktionsumfang. Viele Apps haben in der kostenlosen Version Einschränkungen oder bauen sogar Werbung in die heruntergeladenen Videos ein.

Video- und Musik-Downloader (okdownloader) ist eine Downloader-App für verschiedene Videoportale mit umfangreichen Funktionen, die keine Einschränkungen in der kostenlosen Variante hat.

Besonders einfach laden Sie ein Video herunter, indem Sie in der TikTok-App, wenn Sie das Video ansehen, auf *Teilen* tippen. In der Liste der Apps zum Teilen finden Sie unter *Mehr* das Symbol *TubuMate Download*. Tippen Sie darauf, erscheint ein rotes Pfeilsymbol, das den Download anzeigt.

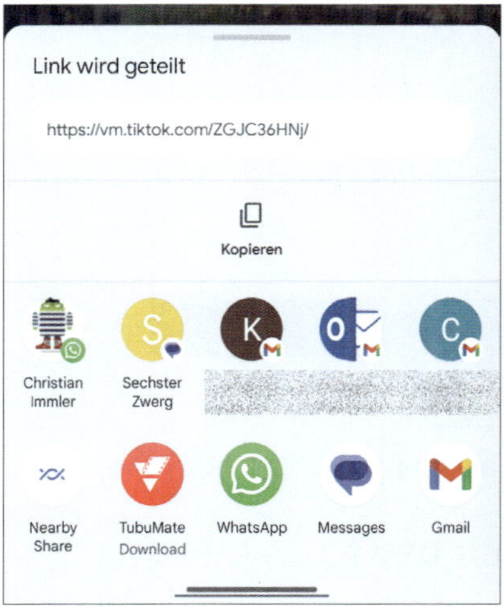

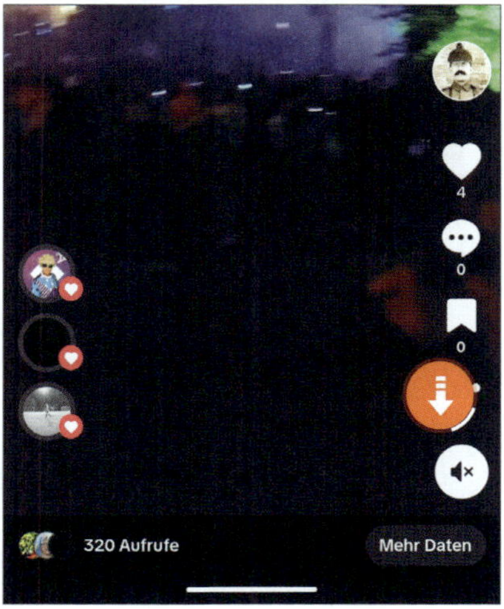

okdownloader im Teilen-Dialog der TikTok-App

Danach wird das Video in der Downloader-App geöffnet. Hier können Sie es herunterladen und anschließend mit dem auf dem Smartphone vorinstallierten Videoplayer abspielen oder auch weitergeben.

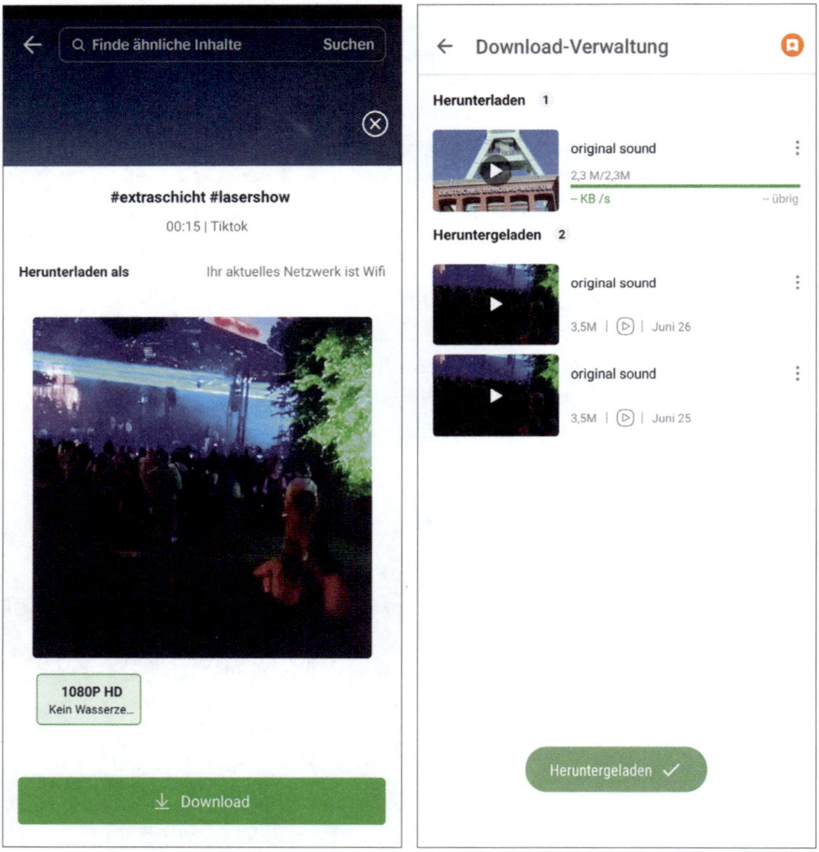

TikTok-Videos mit dem okdownloader herunterladen

+++ SO GEHT ES AUF DEM PC +++

Im Internet gibt es verschiedene Seiten, auf denen man TikTok-Videos komplett als Video und ohne das typische TikTok-Wasserzeichen herunterladen kann. Diese Online-Konverter haben verschiedene Einschränkungen, etwa die maximale Länge der Videos oder die Anzahl an Downloads pro Tag.

noTube (notube.cc/de/download-tiktok-video) ist ein Konverter für verschiedene Videoportale ohne Einschränkungen und auch ohne Werbung. Hier kopieren Sie einfach den TikTok-Link, der dort mit einem Klick auf *Link kopieren* angezeigt wird, in das Eingabefeld und wählen danach das Ausgabeformat aus. Dabei unterstützt *noTube* neben MP3 für Musik und MP4 für Videos auch noch ein paar seltenere Formate wie 3GP oder FLV. Die HD-Formate bieten höhere Qualität als die Standardformate, aber generieren auch deutlich größere Dateien. Eine Standard-MP3 hat bei diesem Konverter eine Größe von etwa 1,8 MB pro Minute.

Ist die Nutzung eines TikTok-Downloaders legal?

Diese Frage wird oft gestellt und ist nicht ganz eindeutig zu beantworten. Grundsätzlich besteht in Deutschland das Recht auf Privatkopie. Diese Privatkopien dienen ausschließlich der privaten Nutzung, dürfen also weder weitergegeben noch öffentlich abgespielt werden. Eindeutig illegal ist dagegen der Download rechtswidriger Inhalte. Die Quelle TikTok selbst gilt nicht als »offensichtlich rechtswidrig«. Allerdings ist nicht auszuschließen, dass jemand Videos auf TikTok hochlädt, an denen er kein Urheberrecht hat. Der Download solcher Videos ist, auch wenn derjenige, der es herunterlädt, das nicht immer eindeutig beurteilen kann, nicht legal. Ebenfalls illegal ist die Verwendung von Konvertern, die beim Download gezielt technische Schutzmaßnahmen wie Verschlüsselung oder Ähnliches umgehen – Mechanismen, die bei TikTok nicht verwendet werden.

Eigene Sticker für TikTok

TikTok bietet eine große Auswahl an Stickern zu den verschiedensten Themen. Sie können sich zusätzlich selbst weitere Sticker-Sets zusammenstellen, um sie in Videobeschreibungen oder Kommentaren zu verwenden.

1. Öffnen Sie im Browser auf dem PC die Seite www.tiktok.com/stickers und melden Sie sich mit Ihrem TikTok-Konto an.
2. Wählen Sie aus, ob Sie statische oder animierte Sticker in dem neuen Sticker-Set nutzen möchten.

3. Laden Sie nacheinander 8 bis 24 Grafiken hoch. Beachten Sie die angegebenen Voraussetzungen. Bei animierten Stickern müssen Sie zu jeder animierten Grafik auch ein quadratisches Standbild hochladen.
4. Geben Sie jedem Sticker einen eindeutigen Namen. Sie können die Reihenfolge der Sticker noch per Drag-and-drop ändern. Klicken Sie anschließend auf *Weiter*.
5. Geben Sie dem Sticker-Set einen Namen und tragen Sie eine kurze Beschreibung ein.
6. Laden Sie noch ein Titelbild hoch und prüfen Sie mit dem Schalter *Dunkler Modus* oben rechts das Aussehen der Sticker vor einem dunklen Hintergrund.
7. Nachdem Sie das Sticker-Set fertiggestellt haben, bestätigen Sie die Nutzungsbedingungen. Anschließend wird es von TikTok hinsichtlich der Community-Richtlinien überprüft. Erst danach können Sie die Sticker nutzen.

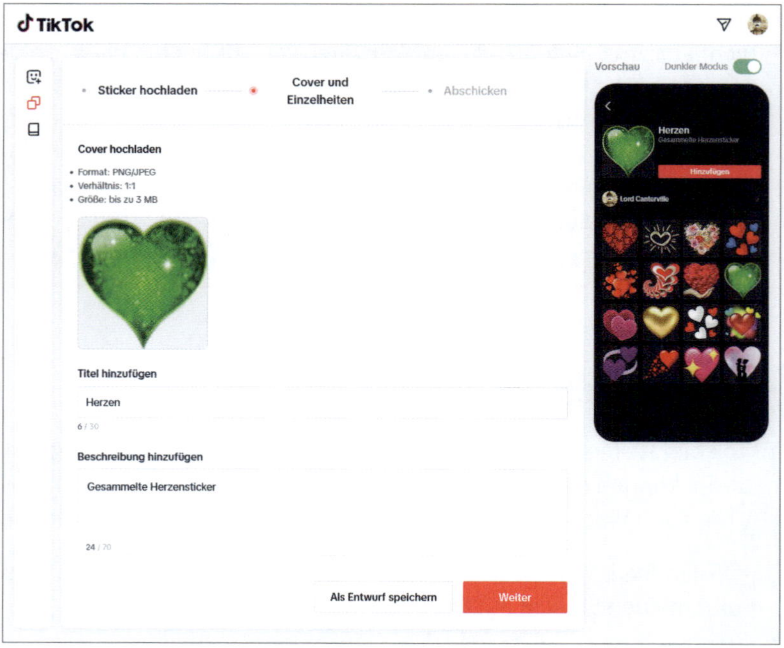

Eigenes Sticker-Set fertigstellen

Google Family Link

Die Zeitkontingente in der TikTok-App sind als Kindersicherung nur begrenzt nützlich, da Kinder sie ganz einfach wegklicken und TikTok weiterläuft.

Mit Google Family Link bringt Google Jugendschutzeinstellungen, Zeit- und App-Beschränkungen auf Android-Smartphones, ähnlich wie man es von den Jugendschutzfunktionen aus Windows kennt.

Eltern können in den Android-Systemeinstellungen unter *Digital Wellbeing & Jugendschutzeinstellungen* die Smartphones ihrer Kinder einschränken, das Nutzungsverhalten innerhalb vorgegebener Grenzen kontrollieren und die Geräte orten.

Dazu müssen auf dem Smartphone des Elternteils wie auch auf dem des Kindes spezielle Family-Link-Apps nachinstalliert werden. Damit ist es möglich, bestimmte Apps wie *TikTok* oder den Browser zu sperren sowie Tageslimits zur Gerätenutzung und Schlafenszeiten festzulegen, zu denen die Nutzung des Smartphones komplett untersagt wird.

In der App *Google Family Link* richten Sie eine Familiengruppe ein, in der jedes Kind mit seinem Google-Konto eingetragen ist. Dann können Sie von Ihrem Smartphone aus die Gerätenutzung der Kinder kontrollieren, Filter für Webseiten und TikTok setzen und auch Tageslimits sowie Schlafenszeiten festlegen.

Auf den Smartphones der Kinder wird automatisch die App *Jugendschutzeinstellungen* installiert, die von den Kindern auch nicht deinstalliert werden kann. In der App haben die Kinder jederzeit einen Überblick über die ihnen noch zur Verfügung stehende Nutzungsdauer und sehen auch auf einen Blick, was die Eltern sehen können, unter anderem Onlineaktivitäten oder den Gerätestandort.

Vorsicht Fake-Apps

Unter dem Suchbegriff *TikTok* finden sich auch diverse Apps, die nicht TikTok sind, sondern nur von diesem erfolgreichen Namen profitieren wollen.

Achten Sie darauf, wirklich nur das Original herunterzuladen. Verwenden Sie besonders die Liste der Top-Apps anstelle der Suche, können Sie sichergehen, die »echte« App zu finden.

So fanden sich bei der Suche nach TikTok unter den Suchergebnissen im Google Play Store jahrelang unzählige unseriöse Apps. Google hat im Rahmen einer großen Aufräumaktion Ende des Jahres 2018 den Suchalgorithmus im Play Store optimiert, sodass die echte App *TikTok* bei einer Suche sofort angezeigt wird.

Andere Apps mit dem gleichen Suchbegriff im Text erscheinen jetzt erst viel weiter unten, unterhalb der Vorschlagslisten für *Das könnte dir auch gefallen* und *Ähnliche Apps*, und sind so kaum noch mit dem Original zu verwechseln.

Auch an den Download-Zahlen fällt auf, dass es sich bei den Fakes um keine seriösen Apps handelt. Die Fake-Apps haben Download-Zahlen im Bereich einiger Hunderttausend oder weniger Millionen, die originale TikTok-App steht zurzeit bei über einer Milliarde Downloads.

+++ SO GEHT'S AUF DEM IPHONE +++

Diese Warnung gilt besonders auf dem iPhone, da Apple im App Store vor den Suchergebnissen Werbung anzeigt.

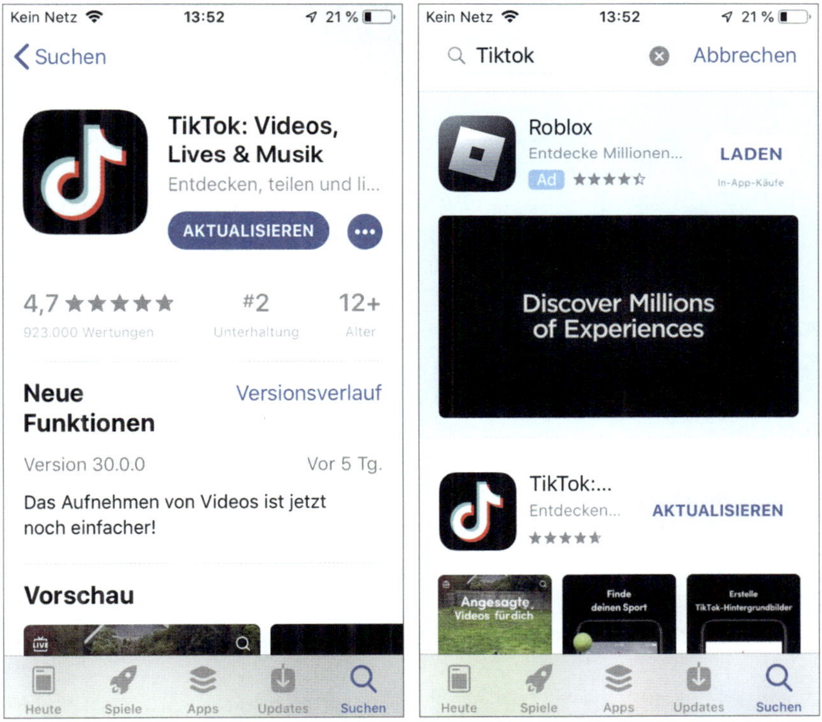

Links: die echte TikTok-App, rechts: Werbung mit ähnlichem Logo

Viel Spaß mit TikTok

Christian Immler und das Markt+Technik Team

K

L

M

N

O

P